Markus Walther mit Hauke Burgarth

Verdingkind

Mein Leben als Arbeiterkind
und wie ich meinen liebenden Vater fand

W0229469

Markus Walther
mit Hauke Burgarth

VERDINGKIND

Mein Leben als Arbeitskind
und wie ich meinen liebenden Vater fand

SCM

Stiftung Christliche Medien

SCM Hänssler ist ein Imprint der SCM Verlagsgruppe, die zur Stiftung Christliche Medien gehört, einer gemeinnützigen Stiftung, die sich für die Förderung und Verbreitung christlicher Bücher, Zeitschriften, Filme und Musik einsetzt

© 2022 SCM Hänssler in der SCM Verlagsgruppe GmbH
Max-Eyth-Straße 41 · 71088 Holzgerlingen
Internet: www.scm-haenssler.de; E-Mail: info@scm-haenssler.de

Bildteil:
© Markus Walther, außer:
S. 5 oben: © Miriam Majaniemi
S. 5 unten: © Lukas Gieringer, ICF Zürich
S. 6 oben: © Bernhard Stegmayer

Die Bibelverse sind, wenn nicht anders angegeben, folgender Ausgabe entnommen:
Lutherbibel, revidiert 2017, © 2016 Deutsche Bibelgesellschaft, Stuttgart

Lektorat: Christiane Kathmann, www.lektorat-kathmann.de
Umschlaggestaltung: Stephan Schulze, Stuttgart
Titelbild: Miriam Majaniemi, www.maj-photo.ch
Satz: typoscript GmbH, Walddorfhäslach
Druck und Bindung: GGP Media GmbH, Pößneck
Gedruckt in Deutschland
ISBN 978-3-7751-6105-3
Bestell-Nr. 396.105

In diesem Buch erzähle ich meine Geschichte,
so wie sie sich tatsächlich zugetragen hat.
Natürlich geschieht das aus meiner persönlichen Perspektive
und muss nicht unbedingt die Ansichten, Erinnerungen
und Empfindungen Dritter widerspiegeln.
Wo es mir angebracht schien, wurden deshalb aus Gründen
des Persönlichkeitsschutzes Namen, Orte und Details geändert.

INHALT

ALLES NEU?

Wer beim Arbeiten am Computer in eine Sackgasse gerät und merkt, dass es scheinbar nicht weitergeht, kann auf den »Refresh«-Button drücken. Dann fragt der Computer automatisch die aktuelle Situation ab – und plötzlich funktioniert vieles wieder.

So etwas hätte ich mir gewünscht, als ich im Sanatorium Kilchberg in Zürich war.

»Refresh« – und alles wäre wieder gut.

Aber das war es nicht.

Ich war auf dem absoluten Nullpunkt angekommen.

Nein – ich war schon darunter.

Eine Ehe war zerbrochen. In meiner zweiten Ehe kriselte es. Groß geworden war ich in Heimen, wo Liebe absolute Mangelware war, und als Verdingkind bei einer Bauernfamilie, die mich ausnutzte und misshandelte. Trotz allem hatte ich etwas auf die Beine gestellt und war beruflich erfolgreich geworden. Doch was war der Preis dafür? Äußerlich befand ich mich auf Erfolgskurs, innerlich war ich getrieben von Angstattacken, und die Ärzte hatten mir eine Erschöpfungsdepression attestiert. Ich wusste nicht, wie es weitergehen sollte.

Ein Bekannter hatte mir ein christliches Buch in die Hand gedrückt. Brauchte ich so etwas? Ich doch nicht! Lange hielt ich den frommen Inhalt für Hokuspokus. Doch während ich darin las, wurde mir plötzlich warm ums Herz. Ich verstand auf einmal, worum es ging, und auch, dass Gott mich liebte.

Da saß ich nun auf einer Bank neben dem Sanatorium und weinte. Ich spürte, dass das nicht nur ein kurzfristiges Betroffensein war. Ich hatte keine Ahnung warum, aber irgendwie war ich gerade am Ziel angekommen. Nein, eigentlich hatte mein Leben gerade neu angefangen! Als hätte Gott selbst den »Refresh«-Button gedrückt.

Ich heiße Markus Walther, aber jeder nennt mich Meck. Und das ist meine Geschichte.

Ich erzähle sie, weil ich erlebt habe, wie Gott in mein Leben eingegriffen hat.

Ich erzähle sie, weil sie wahr ist.

Und ich erzähle sie, weil Gott mir gesagt hat: »Schreib es auf.«

IMMER UNTERWEGS

»Mama, ich habe einen neuen Freund!«

Aufgeregt lief ich durchs Treppenhaus in unsere Wohnung zu meiner Mutter, die in der Küche am Herd stand. Sie schaute auf. »Wer ist es denn? Es ist doch niemand neu in die Nachbarschaft gezogen?«

»Es ist kein Junge. Es ist ein Schwan!«

»Was hast du gesagt?«

»Mein Freund ist ein Schwan. Ich brauche Brot, ich will ihn füttern.«

Es war schon ein paar Tage her, da hatte ich ihn das erste Mal gesehen. Auf dem See gab es viele Schwäne, aber dieser hier flog bis zu unserem Haus, landete auf der Wiese daneben und zupfte mit seinem starken Schnabel etwas Gras ab.

Er war riesig, fast so groß wie ich, aber Angst hatte ich nicht vor ihm. Er sah so wunderschön sauber und weiß aus. Schnell holte ich etwas altes Brot aus der Küche und lief wieder hinaus, um ihn zu füttern. Er fraß es Krümel für Krümel.

Am nächsten Tag war er wieder da. Vorsorglich hatte ich schon etwas Brot in die Tasche gesteckt. Scheu war der große Vogel nicht, und nach ein paar weiteren Tagen nahm er mir die Brotstücke vorsichtig aus der Hand. Zuerst hielt ich vor Aufregung die Luft an, doch für den Schwan schien das völlig normal zu sein. Selbst als ich ihn später streichelte und sogar in den Arm nahm, blieb er da. Andere Kinder hatten ein Meerschweinchen oder Kaninchen – ich hatte einen Schwan. Tatsächlich war er für mich mehr als nur ein Tier. Er wurde mein Freund.

Ich kam am 8. September 1974 im Kantonsspital in Zug zur Welt. Später sagte einmal jemand zu mir: »Du bist nicht von hier. Du bist in Zug geboren.« Hatte ich es falsch verstanden oder wollte ich aus meiner Geburt ein Abenteuer machen? Ich weiß es nicht mehr. Jedenfalls war ich als Kind jahrelang der Überzeugung, dass ich im Zug geboren sei. Das klang zwar seltsam, aber irgendwie gefiel mir der Gedanke, in einer Eisenbahn das Licht der Welt erblickt zu haben. Wer konnte das schon von sich sagen? Erst als ich ein Teenager war, klärte sich das Missverständnis auf.

Dabei waren wir als Familie tatsächlich viel unterwegs. Das lag nicht zuletzt an meiner Mutter, die eine gebürtige Graf war und eine »Jenische«, ein Zweig des fahrenden Volks, der weniger bekannt ist als Sinti und Roma. Wie viele Menschen sich zu den Jenischen zählen, ist unbekannt, aber sie leben hauptsächlich in der Schweiz. Nur dort und erst seit 2016 werden sie als nationale Minderheit anerkannt, wobei es unwichtig ist, ob sie sesshaft oder fahrend leben.

Meine Familie wohnte anfangs in einem Wohnwagen und dort kamen auch meine beiden älteren Geschwister zur Welt: Amara war acht Jahre älter als ich, mein Bruder Andy sieben Jahre älter. Die beiden erlebten noch während ihrer Primarschulzeit hautnah, was es hieß, immer auf Achse zu sein, wenn unser Vater seiner Arbeit hinterherreiste. Ich selbst kann mich an diese Zeit nicht mehr erinnern. Als meine Eltern den Wohnwagen verkauften und

sich in Küssnacht am Rigi niederließen, war ich noch ein Klein-
kind.

Auch als wir sesshaft wurden, war unser Vater immer noch als
Scherenschleifer unterwegs. Dafür benutzte er eine Karette, eine
Art Schubkarren, auf der sein Schleifstein befestigt war und mit
der er sein Werkzeug transportierte. Oft begleitete ich ihn und saß
als Krönung obendrauf. Die Karette rumpelte ordentlich, und ich
musste mich gut festhalten, aber ich liebte unsere Touren.

Mein Vater schob den Wagen von Haus zu Haus, von Wohnung zu Wohnung, von Tür zu Tür, klingelte und sagte: »Grüezi,
der Scherenschleifer ist da. Haben Sie Messer oder Scheren zum
Schärfen?«

Meine Aufgabe war es, freundlich zu lächeln, ab und zu wurde
ich auch an die Türen geschickt, um zu klingeln. Wenn die Bewohner seinen Dienst in Anspruch nehmen wollten, nahm mein Vater
die stumpfen Werkzeuge in Empfang und öffnete seine Schleifma-
schine. Er trieb den Schleifstein mit einem Pedal an und schärfte,
dass die Funken flogen. Vor dem Stein hatte ich Respekt, da hielt
ich lieber etwas Abstand, aber meinen Vater bewunderte ich für
sein Können. Anschließend gaben wir die Messer und Scheren
wieder zurück und kassierten den Lohn dafür.

Vater hatte mich gern dabei. Viele Leute hatten Bedenken,
wenn Jenische in der Nähe waren – es könnte ja etwas wegkom-
men –, doch so ein kleiner Junge stellte Vertrauen her.

Ich genoss es ebenfalls, meinen Vater zu begleiten. Zum einen
wurde ich den ganzen Tag über herumkutschiert und bekam
einiges zu sehen, zum anderen griff manche Hausfrau in ihre
Schürzentasche oder eine Schublade und bot mir mit den Worten
»Magsch en Schoggi?« etwas zum Naschen an.

Abends ging es dann wieder zurück nach Hause in den Hörnligarten. Dort standen vier oder fünf mehrstöckige Mietshäuser, Plattenbauten mit mehreren Wohnungen pro Etage. Der Putz bröckelte an etlichen Stellen ab und die Fenster waren nicht ganz dicht. Die grauen Klötze hätten schon damals keinen Schönheitspreis gewonnen, doch ich mochte unsere kleine Wohnung, den großen Parkplatz zwischen den Häusern, die vielen Kinder, die auf dem Gelände herumsprangen, und natürlich die Aussicht. Nur ein paar Hundert Meter entfernt lag der Vierwaldstättersee, bergauf schauten wir Richtung Seebodenalp.

Wenn ich an so etwas wie eine normale Kindheit denke, fällt mir immer wieder diese Zeit ein. Tatsächlich war es der schönste und normalste Abschnitt meiner jungen Jahre. Ich konnte nicht wissen, dass meine Geschichte so ganz anders verlaufen würde als die meiner Nachbarn und Spielkameraden, die hier wie ich in einfachen Verhältnissen lebten.

Auf den Parkplätzen, die zwischen den Wohnblöcken lagen, lernte ich als Dreikäsehoch schon Fahrrad fahren. Erst setzte mein Vater mich auf den Sattel und hielt das Fahrrad am Gepäckträger fest, dann drehte ich meine erste Runde allein, und schließlich fuhr ich auf der Asphaltfläche herum. Viele Autos standen dabei nicht im Weg.

Zunächst funktionierte es wunderbar, doch gerade, als ich dachte, ich hätte alles im Griff, verlor ich die Kontrolle und stürzte. Vor Wut und Enttäuschung warf ich das Fahrrad in die Büsche. Aber ich holte es bald wieder heraus, denn alle fuhren Fahrrad, und ich konnte unmöglich als einziger Fußgänger hinterherlaufen.

In der Regel aber war die Stimmung beim Toben und Spielen richtig gut. Sie wurde sogar noch besser, als ich einmal eine Torte auf den Hof herunterbrachte, die ich bei uns im Kühlschrank gefunden hatte. Weil mir die Kinder aus unserer Nachbarschaft wichtig waren, verteilte ich fleißig davon. Alle, die wollten, bekamen ein Stück. Es war ein richtiges Fest. Doch die gute Stimmung dauerte nur so lange, bis Mutter die Kühlschranktür öffnete und entsetzt fragte: »Wo ist denn die Geburtstagstorte von Amara?«

Ich wollte es natürlich nicht gewesen sein. So war es kein Wunder, dass die Eltern mir bei anderen Gelegenheiten nicht glaubten, wenn ich wirklich unschuldig war.

Nach dem Schwan – dem ich übrigens keinen Namen gab – war Negi mein nächstbester Freund. Negi war unser Hund, ein Schnauzer. Wenn ich morgens nach dem Aufstehen in den Flur kam, lief er mir bereits schwanzwedelnd entgegen. Tagsüber legte Negi sich oft ruhig an meine Seite und war einfach da. Dann spürte ich seine Wärme und den Herzschlag, und er gab mir ein Gefühl großer Nähe.

Negi konnte aber auch wie ein Wilder herumtollen und er liebte Süßes. Ich habe den lauten Ruf »Markus!« noch im Ohr, der eines Tages im Dezember aus dem Wohnzimmer kam. Dort war schon alles weihnachtlich dekoriert, in der Zimmerecke stand unser Tannenbaum, geschmückt mit Kugeln, Kerzen und bunt verpackten Schokoladenstücken. Nur dass die Schokolade nicht mehr vorhanden war. »Markus, wo ist die Schokolade geblieben?« Ich stutzte und stotterte, war mir aber keiner Schuld bewusst. Ich mochte Süßes, aber in der Weihnachtszeit gab es genug davon. Weshalb hätte ich etwas aus dem Baum nehmen sollen? Und warum hätte ich gleich alles nehmen sollen?

Plötzlich sah ich Negi, der mit dem Schwanz wedelte und sich die Schnauze leckte. Unsere Blicke trafen sich. Wenn je ein

Schnauzer schuldbewusst dreingeblickt hat, dann er. Aber echte Freunde verraten sich nicht gegenseitig. Ich war es zwar nicht gewesen, doch man gab mir die Schuld.

Genauso wenig, wie ich das Geld meines Vaters ausgegeben hatte.

Wie so oft rief er mich zu sich: »Komm doch mal eben her.«

»Was ist?«

»Geh in den Laden unten im Ort und hol mir eine Packung Zigaretten. Hier hast du Geld.«

Mein Vater griff ins Portemonnaie und drückte mir ein paar Münzen in die Hand. Schnell machte ich mich auf den Weg zu dem Laden, denn ich wurde von einer gefährlichen Bande verfolgt, die nur ich sehen konnte. Ich rannte die Hörnlistraße so schnell hinunter, dass ich sie fast abgehängt hätte, aber sie waren noch da. Deshalb sprang ich beim Eckhaus unten auf die Mauer und balancierte über die ganze Länge hinweg. Ich hatte einen guten Vorsprung. Also hüpfte ich den Rest des Weges am Bordstein entlang – immer wieder nach oben und auf die Straße, hoch und runter. Das würden sie nicht schaffen!

Um wenigstens eine Hand frei zu haben, steckte ich ein 50-Rappen-Geldstück in den Mund, wo es auch vor der Bande in Sicherheit war. Ich machte einen großen Satz und landete hart.

So ein Mist! Ich hatte das Geldstück hinuntergeschluckt!

Damit war das schöne Spiel zu Ende. Ich schaute traurig auf den kläglichen Rest der Münzen in meiner anderen Hand. Das reichte nie im Leben für eine Packung Zigaretten. Schweren Herzens kehrte ich um. Erst langsam und dann noch langsamer schlich ich zurück nach Hause, zurück zu meinem Vater.

»Da bist du ja endlich.«

»Du, Vater…«

»Hast du die Zigaretten?«

»Nein. Ich hab ein Geldstück verschluckt. Aus Versehen!«

»Du meinst, du hast dir davon etwas zum Schlecken gekauft?«, schimpfte er.

»Nein. Wirklich. Ich hab's verschluckt.«

Mein Vater glaubte mir kein Wort. Aber was sollte er tun? Das Geld reichte nicht mehr, um Zigaretten zu kaufen, also zückte er schweren Herzens noch einmal das Portemonnaie und gab mir eine weitere Münze.

»Die wird aber weder ausgegeben noch heruntergeschluckt oder weggeworfen. Ist das klar?«

»Ja.«

Der restliche Einkauf lief ganz normal ab, auch wenn er ohne Verfolgungsjagd nur halb so spannend war.

Solche Aktionen waren typisch für mich, weil ich meistens einfach losliefund spontane Ideen direkt umsetzte. Nachdenken kam für mich erst später – und manchmal eben zu spät.

So schön die Umgebung des Hörnligartens für mich als Kind war – die Wohnung dort war für unsere Familie zu klein. Deshalb zogen wir bald darauf in die Ortsmitte. Das Litzihüüsli war ein altes Holzhaus. Es lag zentral in der Nähe des Bahnhofs und nicht weit vom Bootshafen entfernt. Dort teilten Andy und ich uns zwar noch einen Raum, aber Amara hatte jetzt ein eigenes Zimmer.

Wenn sie aus der Schule nach Hause kam, verschwand sie direkt darin. Sekunden später drückte sie die Play-Taste an ihrem Kassettenrekorder und es dröhnte durch die Wohnung: »You ain't nothin' but a hound dog…«

Elvis war angesagt, und ich kleiner Kerl liebte seine Songs.

»Amara, mach das Geplärr leiser!«

»Das ist Musik!«

»Mach leiser, sag ich.«

Mutter unterschied sich in diesem Punkt nicht von anderen Müttern. Mit dem Musikgeschmack ihrer Kinder konnte sie nicht viel anfangen. Wenn Amara kompromissbereit war, erklang es danach etwas ruhiger: »Wise men say only fools rush in...« Wenn nicht, dann war es eben der »Jailhouse Rock«.

Schräg gegenüber von unserem Haus war ein Restaurant. Wenn Vater gut verdient hatte, holten wir uns dort etwas zu essen. Mein Lieblingsgericht war »Poulet im Körbli«, ein halbes gegrilltes Huhn in Soße mit Pommes.

Eigentlich hätten wir glücklich sein können, doch Stück für Stück veränderte sich die Stimmung bei uns im Haus. Meine Geschwister übernahmen mehr Verantwortung und kümmerten sich stärker um mich. Mein Vater zog aus dem Elternschlafzimmer aus und schlief im Wohnzimmer auf der Couch. Immer öfter stand dort morgens eine leere Flasche auf dem Tisch. Regelmäßig kam es zum Krach mit den Eltern, aber auch unter uns Kindern. Meine Mutter zog sich immer mehr zurück. Als irgendwann ein Arzt ins Haus kam und ihr einen Infusionsständer neben dem Bett installierte, erfuhr ich die schreckliche Wahrheit: Mutter hatte Krebs. Und es sah nicht gut aus.

Plötzlich verstand ich, warum wir nichts mehr gemeinsam unternahmen, nicht mehr im Haus spielten oder gar lachten. Jedes Geräusch war ihr zu viel.

Ich war zu viel.

So kam es jedenfalls bei mir an, wenn Vater mich bei jeder Gelegenheit anfuhr: »Kannst du keine Rücksicht nehmen?«

Er war völlig überfordert mit der Situation, doch das waren wir Kinder erst recht. Was wusste ich kleiner Bub schon von Krebs? Ich hatte gehört, dass es eine Krankheit war und sehr schlimm, dass man sogar daran sterben konnte. Aber meine Mutter konnte doch nicht einfach sterben. Oder doch?

Eines Nachts wachte ich von seltsamen Geräuschen auf. Ich konnte sie zuerst nicht zuordnen, doch dann realisierte ich, dass meine Mutter im Schlafzimmer den Vater rief. »Felix«, hörte ich sie wimmern. »Felix!«

Ich wartete auf seine Schritte, darauf, dass er zu ihr ging und sich um sie kümmerte, doch nichts geschah. Irgendwann stand ich selbst auf und ging ins Schlafzimmer. Als ich das Licht anschaltete, erstarrte ich vor Schreck. Mutter lag in einer Blutlache am Boden und rief immer noch leise »Felix«.

Ich schrie. Laut. Voller Entsetzen.

Jetzt wachte mein Vater auf. Ich hörte ihn herankommen, aber ich konnte meine Augen nicht von meiner Mutter abwenden. Ob sie jetzt sterben müsste?

Vater hob sie erst einmal auf und legte sie ins Bett. Er brachte mich ins Wohnzimmer – schlafen hätte ich sowieso nicht können – und rief den Notarzt. Dieser beruhigte uns. Meine Mutter war aufgestanden und gestürzt. Dabei hatte sie sich ungewollt die Infusionsnadel herausgezogen, deshalb war dort so viel Blut.

In den folgenden Tagen traute ich mich kaum, abends einzuschlafen. Was wäre, wenn sie wieder rufen würde? Was, wenn ich sie nicht hören könnte?

Kurz darauf starb Mutter. Eines Morgens lag sie einfach tot im Bett. Wir hatten alle gewusst, dass es so kommen würde, trotzdem konnte ich es nicht ertragen, sie blass und leblos auf ihrem Krankenlager zu sehen.

Später kamen ein paar Männer und holten sie ab. Ich verstand nicht, was passiert war. Sie musste doch gleich wieder zur Tür hereinkommen! Aber sie kam nicht mehr. Nie mehr.

In uns allen war etwas zerbrochen, und ich ahnte, dass nichts mehr so sein würde wie vorher. Damit war der schöne Teil meiner Kindheit vorbei.

ANDY WALTHER, Mecks Bruder, erzählt:
Einfach war es bei uns in der Familie nie gewesen. Das gehört zu meinen ersten Erinnerungen aus der Zeit, als wir noch im Wohnwagen mit den Eltern unterwegs waren. Auch als wir uns in Küssnacht niederließen, ging es uns finanziell sehr, sehr schlecht. Es war halt nie Geld da, um das zu kaufen, was gerade nötig war. Viele unserer Gespräche drehten sich ums Geld.

Damals wurde meine Mutter wieder schwanger, und Amara und ich bekamen bald mit, dass es irgendwelche Probleme gab. Erst im Nachhinein erzählten uns die Eltern, dass der Arzt bei einer Routinekontrolle während der Schwangerschaft etwas gesehen hatte, das sich dann als Krebs herausstellte. Es gab nur die Möglichkeit, das Kind abzutreiben und den Krebs zu behandeln oder das Kind auszutragen und zu riskieren, dass der Krebs danach nicht mehr behandelbar wäre. Die Eltern entschieden sich für das Kind, für Meck – mit dem Ergebnis, dass Mutter ein paar Jahre später starb.

Als Meck geboren wurde, lief unser Familienleben eigentlich so weiter wie vorher. Doch als er etwas größer wurde, war es schon sehr anstrengend. Er war noch nicht im Kindergarten und ich schon am Ende meiner Primarschulzeit. Der Altersunterschied zwischen uns war einfach zu groß. So hatten wir eigentlich keine gemeinsame Kindheit – es gab fast keinen Kontakt. Und seine Versuche, bei Amara und mir Aufmerksamkeit zu bekommen, brachten uns eher in Schwierigkeiten. Als kleiner Bub war er ein echter Rätschbäsä, eine Petze. Wenn er irgendetwas bei uns Großen mitbekam, wusste es der Vater sofort. Daher hielt ich Meck damals, so gut es ging, auf Abstand.

AB INS HEIM

»Packt einen Koffer mit den Sachen zusammen, die ihr braucht«, sagte Vater eines Morgens zu Amara und Andy.

Ich war noch zu klein, um zu packen. Daher holte mein Vater den alten Koffer vom Schrank und packte meine Siebensachen selbst hinein.

»Was ist los?«, wollte ich wissen. »Fahren wir weg?«

»Hmmm«, machte er nur.

»Wohin geht's denn?«

»Wirst schon sehen.«

Vielleicht ahnten meine Geschwister etwas, aber sie sagten nichts. Stumm packten wir unsere Kleidung ein, trugen die Koffer zum Auto und legten sie in den Kofferraum. Ehe wir uns versahen, saßen wir zu dritt auf der Rückbank und sahen ängstlich, wie wir das Ortsschild von Küssnacht hinter uns ließen.

Ich liebte Überraschungen, aber diese Tour ins Unbekannte ließ den Kloß in meiner Magengegend mit jedem Kilometer größer werden. Ich war erst vier, dennoch spürte ich, dass etwas nicht stimmte. Die ganze Fahrt fühlte sich verkehrt an.

Nachdem wir eine Weile über Land gefahren waren, bog Vater schließlich in irgendeinem Dorf ab und kurvte in eine Gasse hinein. Vor einem großen, alten Haus hielt er an.

»Sind wir da?«, wollte ich wissen.

»Hmmm«, machte er wieder.

Wir nahmen unsere Koffer und gingen hinein. Ein älteres Ehepaar bat uns in ein Büro. Sie stellten sich als Heimleiter vor und hießen uns im Kinderheim willkommen.

Wir Kinder waren starr vor Schrecken. Das durfte doch nicht wahr sein!

Vater unterschrieb nur kurz ein paar Blätter, die ihm hingelegt wurden, erhob sich und ging zur Tür. Er sah uns nicht einmal richtig an. Wahrscheinlich konnte er es nicht.

»Also dann...«, sagte er und wollte den Raum verlassen.

»Vater, du kannst doch nicht ohne uns gehen«, rief ich.

Er zuckte die Achseln.

»Ist nur für eine kurze Zeit«, meinte er entschuldigend.

Dann ging er.

Als ich hörte, wie die schwere Haustür ins Schloss fiel, kamen mir die Tränen. Ich konnte gar nicht mehr aufhören zu weinen. Wie sollte es jetzt weitergehen?

Die ganze letzte Zeit war schwierig gewesen. Nichts war mehr wie zuvor. Unser Vater war offensichtlich mit uns und der gesamten Situation überfordert.

Deshalb suchte er nach drei Heimplätzen für uns Kinder und fand sie in einem Dorf im Luzerner Hinterland. Die zuständigen Ämter gingen von einer Übergangslösung aus, doch das Provisorium sollte länger dauern.

Als ich in mein neues Zimmer gebracht wurde – zusammen mit Andy, aber ohne Amara –, drehten sich meine Gedanken wie ein Karussell. Mir wurde ganz schwindelig. Lag es an mir, dass wir ins Heim mussten? War ich schuld? Hätte ich etwas daran ändern können? Würden wir dem Vater sehr fehlen? Würde er merken, dass wir zu ihm gehörten? Bestimmt käme er bald und würde uns wieder nach Hause holen …

Vater kam zwar zurück, doch nur, um uns ab und zu übers Wochenende zu holen. Danach brachte er uns immer wieder ins Heim. Die Frage nach dem Warum verbot er uns. Es war halt so.

Ich war noch nicht einmal fünf, als wir ins Heim kamen. Es lag am Ortsrand im Schatten einiger großer Bäume und wirkte ein bisschen wie ein Schulhaus. Die Kleine Emme floss nur hundert Meter entfernt vorbei. Das Haus wurde von einem Ehepaar geführt, das für die etwa zwanzig Kinder und Jugendlichen zuständig war. Die beiden kümmerten sich um alles, vom gemeinsamen Essen bis hin zu den Elternkontakten.

Das Heim war alles andere als eine große Familie und die beiden keine liebevollen Eltern für uns. Sie schlugen nie ein Kind, aber sie hatten ihre eigenen Methoden, um uns zu bestrafen oder zu schikanieren. Ich lernte schnell, ihnen aus dem Weg zu gehen, wo immer es möglich war. Aber ich litt.

Am schlimmsten waren die Nächte. Da fühlte ich mich besonders allein. Ich war der Jüngste im Kinderheim und ich fühlte mich abgeschoben.

Wenn ich morgens aufstand, ging ich mit den beiden anderen aus unserem Zimmer in den Waschraum. Wir wuschen uns kurz, putzten uns die Zähne, zogen uns an und gingen zum Frühstück. Das gab es im Erdgeschoss im Speisesaal an einem langen Tisch, wo wir alle zusammensaßen.

Während die anderen anschließend zur Schule liefen, konnte ich in meinen Hausschuhen in den Kindergarten gehen, der im Erdgeschoss des Hauses untergebracht war. Die anderen Kindergartenkinder wohnten im Ort und wurden von ihren Eltern gebracht, ich ging nur die Treppe hinunter. Das war schon praktisch.

Mein Lieblingsplatz im Heim war der große Garten. Dort gab es nicht nur einen Fußballplatz, sondern auch eine Wiese mit einem Totempfahl, der jedem Indianerdorf Ehre gemacht hätte – nur wären die Indianer sicher nie so daran herumgeklettert, wie ich es tat.

Was mir nachhaltig in Erinnerung geblieben ist, ist die Kleine Emme. So klein, wie der Name vermuten lässt, war das Flüsschen nämlich gar nicht. Es hatte ein paar Stauschwellen, hinter denen das Wasser tief genug war, um zu schwimmen.

Einmal waren wir mit etlichen Kindern und Jugendlichen aus dem Heim am Wasser, als mich ein Großer fragte: »Kannst du eigentlich schwimmen?«

»Nein.«

»Na«, meinte er, »dann wird es ja höchste Zeit.«

Damit packte er mich, hob mich hoch und warf mich in hohem Bogen ins Wasser.

Ich habe keine Ahnung, ob er mich im Blick hatte oder gerettet hätte. Gefühlt kämpfte ich dort um mein Leben. Immer wieder ging ich unter und schluckte jede Menge Wasser. Irgendwann blieb ich oben. Was blieb, war jedoch kein Triumphgefühl, sondern eine tiefe Abneigung gegen jedes Wasser, die lange anhielt.

Manches, was ich dort im Heim erlebte, konnte ich damals nicht richtig einordnen. Ich verstand es nicht oder dachte über Jahre, dass ich es mir nur eingebildet hätte. Dazu gehört auch das dunkelste Kapitel dieser Einrichtung. Als einer der Jüngsten im Heim musste ich jeweils eine Mittagsruhe halten. Während die Größeren ihre Hausaufgaben machten oder spielten, draußen tobten und lärmten, wurde ich ins Zimmer geschickt.

Regelmäßig öffnete sich eine Weile später meine Zimmertür. Bruno kam herein, einer der Ältesten im Heim. Er setzte sich zu mir, und wir redeten. Das war eine willkommene Abwechslung für mich. Damit bekam ich nicht nur Gesellschaft, sondern fühlte mich gleich wichtiger, weil er als Großer seine Zeit mit mir verbrachte.

Irgendwann meinte er beiläufig, er müsste mal meine Unterwäsche kontrollieren und nachsehen, ob ich mich nach der Toilette gut abgeputzt hätte. Also drehte ich mich herum, und er »kontrollierte«. Ich hatte keine Ahnung, wieso das so lange dauerte, was das für eine Flüssigkeit war, die danach an mir klebte, und warum mein Hintern so wehtat.

Von da an setzte Bruno sich nicht mehr zum Reden auf den Stuhl, sondern kam jedes Mal sofort zu mir ans Bett. Ich hätte damals nicht sagen können, dass das seltsam oder falsch war – mein ganzes Leben fühlte sich seltsam und falsch an.

Dass er mich über einen längeren Zeitraum sexuell missbrauchte, wurde mir erst ungefähr zehn Jahre später klar. Ich war mit meinem Bruder in der Stadt unterwegs und dabei sahen wir Bruno, der sich offensichtlich potenziellen Freiern anbot.

Andy meinte dabei: »Der steht schon lange auf Männer – vor allem auf kleine Jungs.«

Ich schluckte. Auf einen Schlag war die Erinnerung wieder da. Ich sagte nichts, aber ich fühlte mich mit einem Mal schmutzig und missbraucht.

Zum Glück waren wir als Geschwister in dem Heim zusammengeblieben. Auch wenn wir nur selten etwas miteinander unternahmen, waren wir immer noch eine verschworene Gemeinschaft. An etlichen Wochenenden und vor allem in den Ferien durfte ich nach Hause zum Vater. Doch war das noch unser Zuhause? Dauerhaft wohnen konnten wir bei ihm nicht. Außerdem hatte er sehr bald eine Freundin, mit der er zusammenlebte. So fühlten wir uns eher als unwillkommene Gäste denn als Kinder, wenn wir ihn besuchten.

Manchmal war ich während dieser Wochenenden mehr bei den Nachbarn als bei unserem Vater. Zu Wittwers, die nur ein paar Häuser entfernt wohnten, konnte ich immer kommen. Die Eltern stellten einfach wortlos einen weiteren Teller auf den Esstisch. Und Nici, der Sohn, war mir ein echter Freund.

Das Kinderheim konnte auch kein wirkliches Zuhause für mich sein, eine liebevolle Umgebung sah anders aus. So gab es an dem großen Esstisch, an dem wir alle Mahlzeiten einnahmen, eine Regel: Alles, was auf den Tisch kommt, wird zumindest probiert, auch Spinat und Rosenkohl. Das wäre im Prinzip okay gewesen, doch die Umsetzung funktionierte nicht.

Einmal gab es Kutteln. Die kann man mögen, muss man aber nicht. Ich konnte dem gekochten Kuhmagen noch nie etwas abgewinnen. Er sah aus wie ein Lappen, fühlte sich wabbelig an und roch seltsam säuerlich. Dazu bekam ich auch keine Probierportion, sondern einen ganzen Teller voll. Ich kämpfte die Kutteln herunter und war froh, dass ich es trotz Übelkeit geschafft hatte. Plötzlich stand der Heimleiter hinter mir.

»Fertig?«, fragte er.

»Ja«, antwortete ich erleichtert.

»Noch nicht«, meinte er und gab mir eine weitere Portion.

Natürlich war das Schikane, doch was sollte ich als kleines Kind dagegen tun?

Ich nahm meinen Löffel in die Hand, kämpfte mit den Tränen und aß weiter. Doch die zweite Portion war zu viel. Mir war so übel, dass ich brechen musste. In hohem Bogen spuckte ich über den Tisch. Das wiederum fanden andere Kinder so eklig, dass sie sich ebenfalls übergeben mussten.

So hatte sich der Heimleiter seine Schikane wohl nicht vorgestellt. Doch natürlich hatte ich Schuld und nicht er. Er packte mich, schob mich aus dem Speiseraum und die Treppe hoch, brachte mich in die Dusche und brauste mich eiskalt ab. Danach bekam ich Zimmerarrest.

Schläge bekam ich in diesem Heim nie. Aber immer wieder kalte Duschen. Gewalt hat viele Gesichter.

Ich verstand nicht, was ich falsch gemacht hatte. Ich hatte mir doch Mühe gegeben. Ich hatte unsere Essensregel eingehalten. Und trotzdem wurde ich bestraft.

Gut zwei Jahre war ich in diesem Heim. Dann wurde wieder alles anders.

Wahrscheinlich hat es viele ähnliche Vorfälle gegeben, vielleicht noch wesentlich drastischere. Jedenfalls wurde das Kinderheim vom Amt geschlossen.

Das Heimleiterehepaar kaufte sich daraufhin ein Chalet tief im Luzerner Hinterland. Es lag malerisch am Ende eines Seitentals. Ihre Lieblinge unter den Jugendlichen nahmen sie mit – und Andy, mein Bruder, war dabei.

Meine Schwester wurde in einer Pflegefamilie untergebracht, wohin genau, bekam ich damals nicht mit. Sie kam jedoch in der Familie nicht zurecht und hatte auch das Heimleben satt, deshalb lief sie davon. Erst später erfuhr ich, dass sie schon kurze Zeit danach auf dem Züricher Platzspitz gelandet war. Dieser Park in der Innenstadt war damals der bekannteste Treffpunkt für Drogensüchtige. Weil die Polizei lange nichts unternahm, deckten sich hier Tausende täglich mit Drogen ein. Der Platzspitz ging deshalb als »Needle Park« in die Geschichte ein – und die Spur meiner Schwester verlor sich hier.

Und ich? Ich kam nach einer kurzen Zeit bei meinem Vater mit sieben Jahren vom Regen in die Traufe: Ich wurde in die Gegend von Ruswil auf einen Bauernhof geschickt.

ANDY WALTHER, Mecks Bruder, erzählt:
Natürlich wussten wir schon länger von Vaters Plänen, uns in ein Heim zu geben. Eine ganze Weile vorher hatte er uns gesagt: »Ich schaff das nicht. Ich muss euch weggeben.« Und einen guten Monat bevor es ernst wurde, besuchten wir gemeinsam das Kinderheim und besichtigten es. Ich bin mir nicht sicher, ob Meck bei dieser Gelegenheit dabei war, aber ich kann mir gut vorstellen, dass er die ganze Aktion nicht mitbekommen hat – er war ja erst vier. Trotzdem war es für uns alle eine Katastrophe, tatsächlich im Heim zu landen. Liebe oder Wärme erfuhren wir überhaupt nicht.
Als Schüler kam für mich dazu, dass ich die Schule im Ort besuchen musste – und dort war ich von vornherein als »Heimkind« unten durch. Meck hatte es da etwas leichter, weil er noch im Kindergarten war, aber er war der Einzige in seinem Alter und mit Abstand der Jüngste im Heim – das war sehr schwer für ihn. Weil der Kindergarten direkt im Haus untergebracht war, kam

er nur selten weg vom Gelände und war den Heimeltern praktisch den ganzen Tag ausgeliefert. Dennoch war ich damals neidisch auf ihn. Er mag es nicht so empfunden haben, aber für uns war er Vaters Liebling.

Alle drei Wochen hatten wir ein Heimfahrwochenende. Meck durfte nach Hause, Amara und ich mussten zu unserem Onkel. Genauso war es in den Ferien. Und als das Kinderheim schließlich aufgelöst wurde, durfte er als Einziger heim – jedenfalls für eine Weile.

VERDINGKIND
AUF DEM BAUERNHOF

»Sag mal, arbeitest du oder schläfst du? Das geht ja gar nicht vorwärts.«

Erschreckt schaute ich zu René hoch, der schon ausholte und mir einen Fußtritt in den Hintern gab. Weil ich sowieso schon auf allen vieren war, fiel ich platt auf das Feld und landete mit dem Gesicht im Dreck.

»Haha, da gehörst du hin«, meinte der älteste Sohn des Bauern ungerührt und ging weiter.

Ich rappelte mich wieder auf, kniete mich neben die Reihe mit Rübenpflanzen und verzog sie weiter. So schnell ich konnte, zupfte ich die kleinen Pflänzchen aus und ließ nur die größten stehen. Doch die Reihe vor mir schien endlos und nebenan waren noch viele, viele weitere.

Ich ging zwar zur Schule, doch in erster Linie war ich zum Arbeiten auf dem Bauernhof. Ich war ein Verdingkind geworden.

Außerhalb der Schweiz sind Verdingkinder kaum bekannt, aber viele haben durch Film und Fernsehen von den »Schwabenkindern« gehört. Seit dem 17. Jahrhundert hatte es sich eingebürgert, dass arme Bergbauernfamilien aus Österreich und der Schweiz ihre Kinder nach Süddeutschland auf sogenannte Kindermärkte schickten. Dort boten sie sich Bauern als billige Saisonarbeitskräfte an. Die eigene Familie hätte sie nicht ernähren können, und so verkauften sie sich jeweils für ein halbes Jahr. Ihre Geschichten sind von harter Arbeit, Missbrauch und Gewalt geprägt.

Ähnliches geschah in der Schweiz – allerdings von staatlicher Seite – bis in die 1980er-Jahre hinein. Kinder aus sozial schwachen Familien wurden vom Jugendamt als sogenannte Verdingkinder an Bauern vermittelt. Gerade Jenische wurden oft auf diese Weise angeboten, um die Kinder »von der Straße« zu holen. Bauern konnten sich um solche Kinder bewerben, manchmal kam es zu regelrechten Auktionen. Wer am wenigsten Kostgeld beanspruchte, bekam den Zuschlag. Damit war im Prinzip schon klar, dass es nicht um eine optimale Unterbringung ging.

Diese Verdingkinder lebten in einem fast rechtsfreien Raum. Ausbeutung, Gewalt, Erniedrigung und sexueller Missbrauch wurden in der Regel ignoriert oder hingenommen. Etliche Kinder kamen dabei ums Leben. Dieses dunkle Kapitel der jüngeren Schweizer Geschichte betrifft Zehntausende. Darunter auch mich.

Zusammen mit einem Beamten des Jugendamts brachte mich mein Vater nach Ruswil. Wir fuhren durch den Ort und danach eine Weile über die Felder. Irgendwann kamen wir in einen kleinen Weiler mit ein paar Bauernhöfen, die relativ dicht beieinanderstanden. Vor dem zweiten hielten wir an.

Vater trug meinen Koffer mit den wenigen Habseligkeiten, die ich dabeihatte, in die düstere Stube. Bei der Begrüßung legte mir die Bäuerin die Hand schwer auf die Schulter und meinte: »Du bist also der kleine Markus. Gut wirst du es bei uns haben.«

Die Erwachsenen setzten sich an den Küchentisch und unterhielten sich über mich. Ich stand daneben. Mit mir redete niemand.

Sie unterschrieben einige Papiere, dann ging mein Vater mit den Worten: »Ciao, Markus, mach mir keine Schande.«

Ich fühlte mich, als hätte er mich verkauft. Wieder blieb ich einsam und allein zurück, denn ich war zwar in einer Familie, aber es war nicht meine.

Kurz darauf waren die Sommerferien zu Ende und ich kam in die Schule. Ich erinnere mich kaum an Einzelheiten aus dieser Zeit, aber ich muss schon in der ersten Klasse ein schwieriges Kind gewesen sein. Ständig raufte ich mit den anderen. Ich war das Heimkind, der Neue, niemand kannte mich.

Trotzdem hatte ich einen Freund namens Roland. Ab und zu war ich bei ihm zu Hause zum Spielen. Ich genoss es, dort zu sein. Die Atmosphäre war völlig anders, als ich sie von daheim und erst recht vom Bauernhof kannte. Sie war liebevoll und das erschien mir fremd. Ich verstand einfach nicht, warum Rolands Mutter freundlich zu mir war. War denn an mir etwas liebenswert?

Wenn ich zu ihnen ins Haus kam und meine Schuhe ausgezogen hatte, kam sie vorbei und hob die Hand. Ich zuckte zusammen und rechnete damit, dass ich geschlagen würde. Doch sie wuschelte mir nur durch die Haare und meinte: »Schön, dass du da bist, Markus.«

Bei Familie Amstutz, den Bauern, war dagegen schon am ersten Tag der Alltag eingekehrt. Es war keine Rede mehr von »Gut wirst du es bei uns haben«. Meine Realität beinhaltete harte Arbeit und immer wieder Prügel. Von einem liebevollen Zuhause konnte ich nur träumen.

Die Familie hatte drei Kinder. Mit dem erwachsenen René teilte ich mir das Zimmer, Beat und Nathalie waren nur wenig älter als ich. Auch die Großeltern lebten mit auf dem Hof. Mit den meisten kam ich einigermaßen zurecht, aber René und seine Mutter schlugen mich bei jeder Gelegenheit.

Was sie mir sehr schnell klarmachten, war, dass ich auf keinen Fall ein Teil der Familie war. Ich war das Verdingkind, die billige Arbeitskraft. Kam ich einmal zu spät aus der Schule, setzte es Prügel, und ich wurde ohne Essen aufs Zimmer geschickt, bis die nächste Arbeit zu erledigen war. Kamen Beat und Nathalie zu spät, hieß es nur: »O ihr Armen. Hat es heute länger gedauert? Kommt, ich wärme euch das Essen noch einmal auf.« Kein Wunder, dass ich diese Logik nicht verstand.

Wir hatten sechsunddreißig Kühe, mit denen ich jeden einzelnen Tag zu tun hatte. Die Kühe standen in zwei Reihen im Stall. Wenn der Bauer den Ladewagen in der Mitte abkippte, verteilte er das Futter mit der Gabel, damit alle etwas abbekamen. Hinter den Kühen waren Gitterroste, in die der Mist fiel, der von dort in ein Auffangbecken lief. Meine Aufgabe war es, den Stall sauber zu machen. Ich musste den Mist wegschaufeln und die Reste mit dem Wasserschlauch abspritzen. So verbrachte ich jeden Morgen ungefähr anderthalb Stunden im Stall, bevor ich frühstückte und danach in die zwei Kilometer entfernte Schule lief.

Natürlich war die Arbeit für einen Siebenjährigen zu schwer, aber danach fragte niemand. Sie musste erledigt werden, und genau für solche Arbeiten hatte die Bauernfamilie mich auf den Hof geholt. Bald kannte ich es nicht anders.

Abends holte ich die Kühe von der Weide. Laut rief ich: »Halalalala«, und sie kamen. Ich kannte sie alle mit Namen: »Komm, Susi. Auf geht's, Alma. Nicht so langsam, Berta.«

Auf Berta konnte ich dabei sogar reiten. Das gehörte zu den kleinen Freuden, die das Leben für mich erträglich machten.

Wieder im Stall war es Zeit, die Kühe anzurüsten. Ich schnallte mir einen einbeinigen Melkschemel um und ging von Kuh zu Kuh, um ihnen die Euter mit Melkfett einzuschmieren. Danach kam der Bauer mit der Melkmaschine.

Neben den Kühen gab es auch einen Stier auf dem Hof, mit dem nicht gut Kirschen essen war. Ich weiß noch, wie ich ihn einmal geärgert hatte. Er war angekettet, und ich spritzte ihm beim Reinigen des Stalls mit dem Wasserstrahl immer wieder in seine Weichteile. Als ich ein paar Tage später draußen über seine Weide gehen musste, merkte ich, dass er sich noch gut daran erinnerte. Schnaubend rannte er hinter mir her, und ich schaffte es gerade noch, unter dem Elektrozaun hindurchzurutschen, bevor er mich auf die Hörner nehmen konnte.

Was ich an Aufgaben auf dem Hof zu erledigen hatte, wurde von Woche zu Woche mehr. Wie die meisten Kinder, die auf einem Bauernhof leben, fuhr ich oft auf dem Traktor mit. Der Bauer oder auch René zeigten mir, wie er zu fahren war. Dabei ging es ihnen aber nicht darum, dass ich auch einmal Spaß hatte.

»Du bisch alt gnue«, meinte der Bauer eines Mittags. »Nimm den Schlepper und fahr die Milch zur Käserei.«

Gemeinsam montierten wir eine kleine Plattform hinten am Traktor, das »Brückli«. Dort hinauf wuchteten wir die vollen Milchkannen. Ich zog einen Gurt darum, damit sie nicht fallen konnten, und setzte mich ans Steuer.

»Aber net schnaagge!«

Ich wusste, dass ich mich beeilen musste. Trotzdem fühlte ich mich im ersten Moment frei von allen Zwängen, als ich die Milch auf dem rüttelnden kleinen Traktor zur Käserei in den Ort fuhr. Ich war der König des Feldwegs! Auf dem Rückweg transportierte ich Molke in den Kannen, die als Futter für die Schweine gedacht war.

Das Gefühl von Freiheit verschwand allerdings bald. Ich fuhr von nun an oft zur Käserei. Es war eine weitere Aufgabe geworden. Eine Arbeit, die ich zusätzlich zu meinen sonstigen Tätigkeiten und den Hausaufgaben bewältigen musste.

An den meisten Aufgaben auf dem Hof war ich inzwischen beteiligt. Wenn der Bauer mit dem Traktor Heu machte und es anschließend mit dem Kreisler wendete, war ich mit auf dem Feld, um es mit dem Rechen in Position zu ziehen. Ich brachte es mit ein und warf es auf dem Hof gabelweise ins Gebläse, das es auf den Heuboden beförderte. Trotz der Maschinen war das harte Arbeit. Und sie wurde noch härter, wenn Regen drohte und alles schnell gehen musste.

Wenn die Bäume Früchte trugen, musste ich mit aufs Feld. Dann hieß es, bis zu zwanzig Meter hohe Leitern hochzusteigen. Später im Jahr ernteten wir Zwetschen und Äpfel, zuerst aber die anspruchsvollen Kirschen. Fasskirschen musste ich mit weniger Sorgfalt ernten und konnte sie einfach in die Tonne hinten am Traktor werfen – sie wurden zu Schnaps verarbeitet. Aber die guten Sauerkirschen waren zum Verkauf im Laden gedacht. Ich pflückte sie einzeln und legte sie vorsichtig in das Körbchen, das an meiner Leiter hing. Wehe, ich war zu schluderig damit. Und wehe, ich brauchte zu lange. Wenn ich irgendetwas nicht richtig erledigte, hatte ich schnell eine Ohrfeige gefangen.

So war ich praktisch immer beim Arbeiten. Von früh bis spät.

Wenn ich geschlagen wurde, bekam ich oft einfach im Vorbeigehen eine Ohrfeige, meist aber wurde ich mit dem Teppichklopfer oder einer Kuhpeitsche verprügelt.

Bald begann ich, die Gewalt weiterzugeben, die ich erfuhr. Das steigerte meine Beliebtheit in der Schule nicht unbedingt. Ich war zwar weder der Größte noch der Stärkste, aber viele der Kinder hatten Angst vor mir – so wie ich in meiner »Familie« permanent Angst hatte, etwas falsch zu machen und dafür bestraft zu werden.

Sehr gute Erinnerungen habe ich allerdings an das Essen. Zum Frühstück gab es Rösti mit Spiegelei. Wenn ich aus dem Stall hereinkam, duftete bereits die ganze Küche danach. Manchmal gab es auch Eischnee – also geschlagenes Eigelb mit Zucker. Das war ein echter Sattmacher. Auch das »Zvieri« war lecker. Die Schweizer Variante des Kaffeetrinkens war meistens herzhaft und wurde uns oft aufs Feld gebracht. Natürlich ging es darum, dass wir alle etwas leisten konnten, aber ich genoss es.

So etwas wie neue Kleidung bekam ich dagegen nie. Stattdessen wurde ich von der Caritas mit gebrauchten Sachen ausgestattet. Im Nachhinein bekam ich mit, dass Familie Amstutz natürlich Kost- und Kleidergeld für mich erhielt. Aber je weniger sie davon an mich weitergaben, desto mehr blieb für sie selbst übrig. Eine Kontrolle gab es nicht.

Direkt neben der Schule war die große katholische Kirche. Und da Familie Amstutz sehr fromm war, gingen wir regelmäßig in die Messe. Nach meiner Erstkommunion wurde ich Ministrant. Keiner fragte mich, ob ich das wollte. Es war einfach selbstverständlich. Jetzt gehörte es zu meinen Aufgaben, dem Priester beim

Händewaschen zu helfen und Brot, Wein und Wasser zum Altar zu bringen. Zunächst war ich sehr nervös, weil ich nichts verkehrt machen wollte, doch bald stellte sich eine gewisse Routine ein.

Je mehr ich allerdings aus der Bibel hörte und davon verstand, umso weniger brachte ich das mit meiner aktuellen Situation zusammen. In der Kirche drehte sich viel darum, dass Gott uns liebt und dass Nächstenliebe wichtig ist – und ich wurde regelmäßig verprügelt, manchmal mit und oft auch ohne Grund.

René, der besonders gewalttätig war, leitete voll Inbrunst den kirchlichen Musikzug. Als vor Ostern das jährliche Fastenopfer erhoben wurde, bekam ich mit, wie die Bauersleute eintausend Franken in das lila Säckchen steckten, das für das Sonderopfer an alle Familien verteilt worden war. Natürlich fragte ich mich, warum sie hier so großzügig waren, ich aber weder neue Kleidung noch ab und zu etwas Süßes erhielt.

Hatte Gott etwa nur die anderen lieb? Diejenigen, die eine Familie hatten? Interessierte er sich überhaupt für mich?

Eine Weile stellte ich mir Fragen wie diese, doch dann starben sie langsam – und in gewisser Weise starb Gott für mich mit ihnen. Ich habe ihn weder angeklagt noch aktiv abgelehnt. Ich war auch später noch davon überzeugt, dass es so etwas wie eine höhere Macht geben musste, aber Gott selbst spielte für eine lange Zeit keine Rolle mehr in meinem Leben. Er war kein Thema für mich.

Gott war mir egal, weil ich dachte, dass ich ihm auch egal sei.

Mit der Zeit taten sich für mich Möglichkeiten auf, ein bisschen Geld zu verdienen, sodass ich mir wenigstens ab und zu etwas zum Schlecken leisten konnte. Die Wühlmäuse auf unseren Feldern waren zum Beispiel eine echte Plage. Deshalb setzte der Bauer eine Prämie von 50 Rappen pro toter Maus aus. So schnappte ich mir die Fallen und lief aufs Feld, wo ich nach Mauselöchern suchte. Dort legte ich vorsichtig den Gang frei, stellte die Röhre mit der Falle hinein und deckte alles wieder sorgfältig ab. Um die Falle wiederzufinden, steckte ich oben eine Weidenrute in den Boden. Ich fing eine Maus nach der anderen und war mächtig stolz auf meinen Erfolg.

Eine weitere Einnahmequelle war das Zöpfeln, also Flechten. Im Schuppen stand eine riesige Rolle mit dünner Nylonschnur. Immer wenn ich Zeit hatte, rollte ich mir etwas davon ab und flocht aus drei dünnen Schnüren eine dicke. Danach flocht ich aus drei dicken Schnüren einen Strick, der stabil genug war, um damit die Kühe anzubinden. Auch dafür erhielt ich jeweils 50 Rappen.

Obwohl ich so viel arbeiten musste, fand ich noch Zeit zum Spielen. Abends kamen oft die Kinder aus den Nachbarhöfen heraus. Wenn ich sie rufen hörte: »Hast du den Ball?«, lief ich schnell hinaus.

»Hoi, Markus, gaasch ins Gool?«, wurde ich begrüßt, und dann stellte ich mich ins Tor, das aus zwei Stöcken an einem Kopfende der ebensten Wiese bestand. Manchmal war ich auch als Feldspieler unterwegs.

Während dieser Zeiten war ich einfach Kind. Einer von den vielen, die auf den Höfen lebten. Ich war der Held, wenn ich ein Tor schoss. Und ich war das Letzte, wenn ich einen leichten Ball hereinließ. So wie alle anderen.

Wir spielten aber nicht nur Fußball, sondern bauten uns zum Beispiel auch eine Burg in der Scheune. Nicht das ganze Heu, das wir machten, wurde lose auf den Heuboden geblasen. Einiges wurde direkt auf dem Feld zu Ballen gepresst und in der Scheune gestapelt. Zusammen mit den Nachbarskindern schob und zog ich diese Heuballen so zurecht, dass Gänge und Höhlen dazwischen entstanden. Wochenlang spielten wir darin. Wir versteckten uns und eroberten die Burg der anderen. Wir erforschten Geheimgänge. Wir waren einfach still zusammen und hörten, wie draußen die Kühe muhten.

Beat und Nathalie ließen mich meist links liegen. Ich spielte hauptsächlich mit den anderen Kindern. Aber immerhin beteiligten sie sich nie daran, mich zu verprügeln.

Besonders eine Nachbarin half mir in dieser Zeit. Frau Gisler wohnte in dem Haus unterhalb von unserem. Sie war mindestens so breit wie groß und sehr nett zu mir. Die anderen Nachbarn waren auch nicht unfreundlich, aber bei ihnen wusste ich nie so recht, woran ich war. Würden sie meinen Leuten erzählen, was ich machte? Frau Gisler verriet mich jedoch nie an meine Bauern.

Zeitweise ging ich täglich zu ihr. Ihre Tür stand immer für mich offen. Wenn mir alles zu viel wurde oder ich gerade wieder Prügel bezogen hatte, dann zog ich mich gern zu ihr zurück.

»Salü, Markus.«

»Salü, Frau Gisler.«

»Magst du den neusten Lucky Luke lesen? Er steht bei den anderen im Regal.«

Natürlich wollte ich! Ich kletterte auf die Ofenbank in der Küche und nahm mir das Heft.

Frau Gisler hatte in ihrer Küche eine riesige Sammlung an Comics stehen, Lucky Luke, Asterix und viele andere, und ich kannte sie fast alle auswendig.

Manchmal brachte die Bäuerin mir zwischendrin eine Scheibe Brot vorbei. Manchmal lächelte sie mir kurz zu. Meistens ließ sie mich einfach in Ruhe.

Und so saß ich auf dem Kachelofen, hatte ein Kirschkernkissen im Rücken und genoss ein kleines bisschen Liebe und Zuwendung.

EIGENTLICH TOT

»Markus, aufwachen.«

Schläfrig drehte ich mich noch einmal um.

»Los, du Faulpelz, an die Arbeit!«

Ich schreckte hoch. Wie immer tastete ich zunächst einmal vorsichtig mein Bettlaken ab. War es wieder nass? Hoffentlich nicht!

Ich war zwar schon groß und ging zur Schule, aber ich machte trotzdem regelmäßig ins Bett. Viel später sagte mir ein Psychologe: »Klar, dass du ins Bett gemacht hast. Bei der seelischen Belastung wäre es ein Wunder gewesen, wenn du das nicht getan hättest.«

Das war mir als Kind nicht bewusst, und ich schämte mich schrecklich dafür. Außerdem hatte ich Angst. Denn wenn das Bett nass war, bekam ich unweigerlich Prügel.

Meine Angst ging so weit, dass ich manchmal früher wach wurde. Wenn ich dann merkte, dass ich ins Bett gemacht hatte, lief ich fort und versteckte mich. Das brachte rein gar nichts, denn irgendwann musste ich mich ja wieder zeigen, und die Schläge waren nicht vergessen, nur aufgeschoben.

In dieser Zeit hatte ich regelmäßig einen Albtraum. Ich träumte, dass ich im Wald unterwegs war, der oberhalb unseres Hofes lag. Während ich in einem Hohlweg ging und weder nach rechts

noch nach links ausweichen konnte, hörte ich plötzlich ein gefähr-
liches Knurren und Hecheln hinter mir. Mal war es ein Wolf, der
mich verfolgte, mal ein Bär. Ich rannte los, so schnell ich konnte.
Manchmal entkam ich sogar, aber meistens endete der Albtraum
damit, dass ich die Klauen und Zähne des wilden Tieres hinter mir
zu spüren bekam und gefressen wurde.

Heute gebe ich den Wölfen und Bären die Gesichter der Familie
Amstutz. Ich fühlte mich immer von ihnen bedroht.

Das Einnässen besserte sich über die Jahre kaum. Eine Weile
trug ich deshalb eine Klingelhose. Beim Einnässen wurde ein elek-
trischer Kontakt hergestellt, der einen Alarm auslöste und mich
mit einem schrillen Klingeln weckte – ein System, das auch heute
noch gegen nächtliches Einnässen angewendet wird, wenn der
Aufwachreflex bei Schulkindern noch nicht ausgebildet ist. Aber
mein Problem löste die Klingelhose nicht.

Die Großmutter kam deshalb mit einem alten Hausmittel.
Abends vor dem Schlafengehen band mir jemand ein achtkantiges
Holzstück auf den Rücken. Das sollte mir wehtun, wenn ich mich
entspannt auf den Rücken legte, und damit sollte es verhindern,
dass ich ins Bett machte. Das Holzstück verursachte mir zwar
Schmerzen und quälte mich jede Nacht, aber mein Problem löste
es auch nicht.

Niemand machte sich Gedanken darüber, was ein Kind empfin-
det, das fast ohne Liebe aufwächst, nur als billige Arbeitskraft oder
als lästiges Anhängsel gesehen und Nacht für Nacht mit einem
Kantholz im Rücken malträtiert wird.

In den dreieinhalb Jahren, die ich als Verdingkind auf dem
Bauernhof verbrachte, war ich oft krank, dreimal musste ich sogar
ins Krankenhaus.

Es begann relativ normal mit einer Blinddarmentzündung. Als ich abends ins Bett gehen sollte, hatte ich Bauchschmerzen.

»Leg dich halt hin. Das wird sich schon geben«, meinte die Bäuerin.

Aber die Schmerzen wurden immer stärker. Als sie so stark waren, dass sie größer waren als meine Angst, stand ich auf und ging noch einmal in die Stube zu den Bauern.

»Es tut so weh«, klagte ich.

»Leg dich mal auf die Eckbank.«

Ich tat es.

»Tut es hier weh?« – der Bauer drückte an mir herum – »Oder hier?«

Nachdem fast alle aus der Familie auf meinem Bauch herumgedrückt hatten und er noch wesentlich mehr wehtat als vorher, meinte irgendjemand: »Es könnte ja auch eine Blinddarmentzündung sein.«

Der Bauer seufzte. Das bedeutete Mehrarbeit für ihn. Aber er setzte mich ins Auto und fuhr mich ins nächste Spital nach Sursee. Dort wurde mir der Blinddarm entfernt, und ich hatte ein paar Tage Urlaub von meinem Arbeitsalltag.

Die nächste Fahrt ins Spital war fällig, als ich mit den Nachbarskindern Schnitzeljagd spielte. Sie waren die Jäger, ich rannte weg. Nachdem ich meine letzten Papierschnipsel in den Hof gelegt hatte, musste ich mich im Umkreis von fünf Metern verstecken – und ich hatte schon eine Idee. Ich rannte zur Leiter, die an der Scheune lehnte, und wollte hinauf zum Heuboden klettern. Es musste schnell gehen, die anderen kamen schon näher. Deshalb merkte ich nicht, dass die Leiter schief stand. Als ich ein paar Meter über dem Boden war, kippte sie seitlich weg. Für mich gab es kein

Halten mehr, ich flog auf das Fenster des Schweinestalls zu. Im letzten Moment riss ich instinktiv die Arme hoch, während ich durch das splitternde Glas und das Fensterkreuz in den Stall flog.

»Das gibt Ärger«, dachte ich, als ich inmitten der Scherben lag.

Schnell stand ich auf und ging zur Stalltür.

»Wir haben dich«, wurde ich von den Jägern empfangen. Doch als ich mich schon ärgern wollte, wurden sie plötzlich weiß um die Nasen.

»Was hast du denn mit deinem Arm gemacht?«

Bis dahin hatte ich noch nichts gemerkt, aber als ich jetzt an mir herunterschaute, sah ich, dass mein Arm blutüberströmt war. In dem Moment kam der Schmerz, und ich brach in Tränen aus. Wieder wurde ich nach Sursee ins Spital gebracht. Der Chirurg, der den langen Schnitt mit sechsundzwanzig Stichen nähte, sagte mir: »Wäre die Wunde ein paar Millimeter tiefer gewesen, hätte es dir die Nerven durchtrennt. Du hast Glück gehabt.«

Mein dramatischster Unfall geschah, als ich Buchers, den Nachbarn oberhalb unseres Hofes, beim Ernten half. Ich fuhr mit ihrem Sohn Urs zusammen auf dem Traktor. Weil er schon vierzehn war, saß er selbstverständlich am Steuer. Wir wollten auf eine ihrer Obstwiesen. Da diese gleichzeitig als Kuhweide genutzt wurde, war ein Weidedraht darumgespannt. Damit Urs mit dem Traktor hinfahren konnte, wollte ich vom Notsitz auf dem Radkasten abspringen und den Draht schnell abhaken. Beim Absteigen stellte ich mich jedoch aus Versehen auf die Kupplung, sodass der Traktor nicht weiterfahren konnte.

»Du stehst auf der Kupplung!«, rief Urs mir ungeduldig zu.

»Ich hab's gemerkt«, antwortete ich und sprang schnell herunter, um ihn nicht länger aufzuhalten.

Dadurch fuhr der Traktor ruckartig los. Ich verlor das Gleichgewicht und stürzte direkt vor das große Hinterrad. Bevor Urs bremsen oder ich mich bewegen konnte, war mir der Traktor schon über den Kopf gefahren.

Ich weiß noch, wie ich da am Boden lag und Herr Bucher auf mich zusprang.

»Oje, oje.«

Ich fühlte gar nichts. Die Welt um mich herum war wie in Watte gepackt. Herr Bucher riss mich hoch, nahm mich auf die Arme und lief mit mir ins Haus meiner Bauern. Dort legte er mich erst einmal auf dem Küchentisch ab.

»Markus?«

»Ja...«

Ich war bei Bewusstsein und ansprechbar, also ließen sie mich dort liegen. Es war ein ziemliches Durcheinander um mich herum. Sie mussten ein Auto organisieren, weil Familie Amstutz gerade keins hatte. Die ganze Zeit über wunderte ich mich über ihre Aufregung.

Jeder, der mich ansah, reagierte so seltsam. Ich musste mich einmal im Spiegel anschauen. Dafür erhob ich mich langsam und vorsichtig, ließ mich vom Tisch herabgleiten und ging ins Bad. Ich konnte zwar nur verschwommen sehen, aber als ich vor dem Badezimmerspiegel stand, sah ich in ein blutiges, verformtes und aufgeschürftes Gesicht. Ich realisierte, dass das mein Gesicht war, und brach in Tränen aus.

Relativ schnell fanden Amstutzens ein Auto. Sie betteten mich auf die Rückbank und fuhren mit mir nach Sursee. Dort wurde ich in der Notaufnahme in ein blütenweißes Bett gelegt und musste direkt blutig erbrechen. Es war mir furchtbar peinlich, dass ich das saubere Bett verdreckt hatte. Doch der zuständige Arzt ging mit keinem Wort darauf ein. Stattdessen schüttelte er den Kopf: »Hier können wir gar nichts für ihn tun. Er muss sofort nach Luzern.«

Schnell wurde ich wieder zur Liegendeinfahrt gebracht. Dort schob man mich in einen Krankenwagen. Als der Fahrer Blaulicht und Martinshorn anschaltete, war ich sogar ein bisschen stolz. All das geschah meinetwegen. Den Kindern in der Schule würde ich eine spannende Geschichte erzählen! Dann schwanden mir die Sinne.

Als ich wieder zu mir kam, war mein ganzer Kopf bandagiert und stillgelegt. Mein Vater saß neben mir auf einem Stuhl. Nachdem man ihm Bescheid gegeben hatte, dass ich schwer verletzt ins Kantonsspital gebracht worden war, war er sofort ins Auto gesprungen. Er schaffte die normalerweise knapp halbstündige Strecke von Küssnacht nach Luzern in fünfzehn Minuten.

»Da bist du ja wieder«, meinte er, als ich die Augen öffnete. »Achtzehneinhalb Stunden haben sie dich operiert. Drei Chirurgen waren nötig. Dein Kopf ist fünfzehnmal gebrochen: Stirn, Ober- und Unterkiefer und die Wangenknochen. Aber die Brüche waren nicht mal das Schlimmste. Sie hatten Angst, dass du ihnen erstickst, wenn das Blut in die Lunge fließt.«

Ich konnte das zunächst gar nicht einordnen. Stattdessen war ich froh, meinen Vater zu sehen. Irgendwie dachte ich, dass jetzt alles gut werden würde.

Sicher bekam ich starke Medikamente, denn ich kann mich nicht erinnern, dass ich Schmerzen hatte. Mein Kopf und Gesicht waren zwar eingepackt, aber das Unangenehmste im Krankenhaus war, dass sie mir einen Katheter legten, um meine Blase zu untersuchen, weil ich auch dort ins Bett machte.

Wenn ich in den Spiegel im Zimmer schaute, fand ich, dass ich wie eine Mumie aussah. Jedenfalls wenn man Mumien die Haut orange angestrichen und die Knochen mit Draht gerichtet hätte.

Eine Weile musste ich noch einen Bissschutz tragen wie ein Boxer, sodass ich nur püriertes Essen schlürfen konnte, doch sehr bald ging es mir besser. Ein Verbandsteil nach dem anderen verschwand. Ich durfte aufstehen. Als ich schon etwas herumlaufen konnte, ging ich gern am Tresen beim Stationszimmer vorbei.

»Ist etwas, Markus?«

»Alles in Ordnung. Ich wollte nur fragen, ob ich spazieren gehen darf?«

»Gehen?« Die Krankenschwester musste lachen. »Geh nur.«

Kein Wunder, dass die Schwester sich amüsierte. Tatsächlich ging ich nämlich nur bis in den Flur vor der Station. Dort stieg ich in den Aufzug und vertrieb mir meine Zeit damit, die zwanzig Stockwerke des Spitals immer wieder hinauf- und hinunterzufahren.

Die Krankenschwestern freuten sich riesig, dass es mir schon wieder so gut ging. Wahrscheinlich genossen sie aber auch die Ruhe, als ich entlassen wurde.

Vater war in dieser Zeit sehr freundlich zu mir und eine Weile hoffte ich, dass er mich am Ende einfach mit nach Hause nehmen würde, er hatte mich schließlich fast verloren. Ich traute mich allerdings nicht, mit ihm darüber zu reden. Doch als ich nach dreißig Tagen praktisch völlig gesund entlassen wurde – nur ein paar blaue Flecken und zwei fehlende Zähne erinnerten an den Unfall –, kam ich wieder zurück zu Familie Amstutz nach Ruswil. Die Blutergüsse heilten ab, und in der Zahnklinik bekam ich neue Zähne als Ersatz für die ausgeschlagenen.

Meine Leidenszeit als Verdingkind hatte noch kein Ende.

Zunächst hatte ich noch etwas Schonfrist, zu eindrücklich waren die Bilder von meinen schweren Verletzungen für die Bauernfamilie. Doch schon sehr bald war ich wieder in meinem normalen Trott aus Arbeit und Schlägen gefangen.

Damals kam es mir gar nicht seltsam vor, dass ich nach einem Monat im Spital gesund entlassen wurde. Heute weiß ich: Es war ein Wunder. Wie so oft davor und danach muss Gott hier seine Hand im Spiel gehabt haben. Ich habe inzwischen viele Berichte von Unfällen mit Traktoren gelesen. Die meisten haben mit schweren Verletzungen und bleibenden Schäden geendet. Wenn die Opfer vom Hinterrad überfahren wurden, starben sie. Immer. Ich weiß von keinem, der überlebt hat. Außer mir.

Kurz danach bekam ich einen neuen Namen. Das hatte nichts mit dem Unfall zu tun, sondern mit zwei meiner Klassenkameraden. Als ich in die dritte Klasse kam, gab es drei Jungs, die Markus hießen. Unsere Lehrerin schlug die Hände über dem Kopf zusammen: »Stellt euch das einmal vor: Ich rufe einmal Markus, und die halbe Klasse steht auf. Das geht nicht.« Also benannte sie uns kurzerhand um. Ein Markus durfte seinen Namen behalten, einer wurde Marco gerufen und ich wurde zu Meck.

Eine Weile trauerte ich meinem Namen hinterher. Warum hatte ich nicht Markus bleiben dürfen? Doch nach kurzer Zeit gefiel mir der neue Name sogar. Mein Vater nannte mich weiterhin Markus, und natürlich bin ich bei offiziellen Anlässen Markus Walther, doch ansonsten war ich von da an für alle Meck – und dabei ist es bis heute geblieben.

Inzwischen war ich zehn Jahre alt. Immer noch träumte ich davon, dass meine Situation sich schlagartig ändern würde. Doch wie sollte das geschehen? Mein Vater würde nicht kommen und verkünden, dass er es sich anders überlegt hätte. Es waren auch keine Millionäre in Sicht, die einen tollen Kerl wie mich unbedingt adoptieren wollten.

Wenn ich eine Mutter sah, die ihr Kind liebevoll rief und in den Arm nahm, wenn ich eine Familie beobachtete, die ungezwungen Spaß miteinander hatte und sich offensichtlich mochte, dann gab mir das einen Stich ins Herz. Was hatte ich verbrochen, dass ich stattdessen stundenlang Steine auf dem Acker auflesen musste und am Ende doch nur Prügel bekam?

Ganz realistisch rechnete ich nicht mehr damit, dass sich an meiner Situation etwas ändern würde, also versuchte ich, das Beste daraus zu machen. Und das Beste war eines Morgens das Portemonnaie, das René auf unserem Tisch im Zimmer liegen gelassen hatte. Ich wusste, dass er unterwegs war, also konnte er mich nicht direkt erwischen. Vorsichtig nahm ich den Geldbeutel hoch und schaute hinein: Darin waren viele Geldscheine. Mit klopfendem Herzen griff ich hinein und nahm achtzig Franken heraus. Das war viel Geld für mich, aber das meiste hatte ich im Portemonnaie gelassen. Würde René bemerken, dass etwas fehlte?

Ich ging zur Schule. In den ersten Schulstunden konnte ich kaum ruhig auf meinem Stuhl sitzen. Das Geld »brannte« schier in meiner Hosentasche. Was sollte ich nur damit anfangen?

Beim Blick in meinen Ranzen und auf das Pausenbrot, das ich dabeihatte, kam mir eine Idee. Wie wäre es, wenn ich mir und allen anderen die Pause etwas versüßen würde?

Sobald es klingelte, rannte ich in den kleinen Dorfladen um die Ecke und ging zu dem Regal mit den Süßigkeiten. Ich kaufte davon, so viel wie ich tragen konnte, und bezahlte mit dem gestohlenen Geld. Danach rannte ich zurück zur Schule.

Als ich mit den prall gefüllten Tüten dort ankam, erntete ich fragende Blicke.

»Wo warst du denn, Meck?«

»Was hast du da mitgebracht?«

Ich grinste breit.

»Das ist für alle, die es wollen.«

Dann griff ich hinein in die Tüten und holte Handvoll um Handvoll heraus: Schokolade, Bonbons, Gummibärchen, Lutscher, Kaugummis und noch viel mehr. Ich verteilte sie mit vollen Händen und fühlte mich wunderbar dabei. Für diesen Moment war ich der beliebteste Junge auf dem Schulhof.

Die anderen Kinder verschwanden bald darauf lachend und kauend wieder im Schulgebäude. Ich hatte nichts übrig behalten und fand das gut so.

Doch da kam Christian auf mich zu, der Sohn der Ladenbesitzerin. Er war, wie meistens, in der Pause kurz nach Hause gegangen und warnte mich: »Achtung, Meck, meine Mutter hat deine Eltern angerufen« – er meinte die Bauernfamilie – »und sie gefragt, wie du zu achtzig Franken kommst.«

Mein Lächeln gefror. Auf einen Schlag wurde mir bewusst, was ich getan hatte. Die Angst schnürte mir die Kehle zu. Ich wurde ja bereits für Kleinigkeiten verprügelt, und diesmal hatte ich wirklich etwas angestellt.

Vom Rest des Unterrichts bekam ich nichts mehr mit. Ich hatte Panik. All meine Gedanken drehten sich darum, was passieren würde, wenn ich mittags heimkäme und die Tür zur Küche aufmachen würde. Ich sah die Bäuerin schon mit der Kuhpeitsche in der Hand dastehen und hörte René wütend schreien.

Irgendwie brachte ich den Schultag hinter mich und stieg am Ende auf mein Fahrrad. Aber ich fuhr nicht zurück auf den Hof. Ich glaubte, dass ich das nicht überleben würde. Stattdessen bog ich ein paar Straßen weiter ab und strampelte bis nach Küssnacht am Rigi zu meinem Vater. Das waren gut vierzig Kilometer, und ich kannte die Strecke nur von ein paar Fahrten auf der Rückbank des Autos, wenn ich ab und zu einmal ein Wochenende beim Vater verbringen durfte. Jetzt sah alles anders aus, doch ich fand den Weg trotzdem. Die Radelei war anstrengend, aber mich trieb die Angst. Nie wieder wollte ich zurück.

Endlich hatte ich es geschafft. Ich fuhr nach Küssnacht hinein, strampelte am Bahnhof vorbei und stand schließlich vor unserem Haus. Doch die Tür war verschlossen, und niemand war da. Was nun?

Wie so oft, wenn ich den Eindruck hatte, dass ich zu Hause nicht landen konnte, ging ich zu Wittwers, den Nachbarn, bei denen ich schon früher ganze Wochenenden verbracht hatte.

»Meck, was machst du denn hier?«, begrüßte mich Nicis Mutter an der Tür. »Komm rein.«

Bei Wittwers konnte ich erst einmal bleiben. Sie hängten dem Vater einen Zettel an die Tür mit dem Hinweis, dass ich da wäre, und deckten den Tisch.

Es war wie immer. Hier war ich daheim. Wir redeten und lachten miteinander.

Als mein Vater von der Arbeit nach Hause kam, holte er mich ab.

Ich versuchte, ihm zu erzählen, wie schrecklich es als Verdingbub bei der Bauernfamilie war. Dass ich immer wieder geschlagen
wurde. Dass ich etwas angestellt hatte und auf keinen Fall zurück-
könnte. Vater hörte mir zu und hörte doch nichts. Er glaubte mir
einfach nicht. Und er wollte mich auch nicht bei sich haben.

Er rief einen Mann von der Vormundschaftsbehörde an, und die
beiden brachten mich noch am selben Abend zurück nach Ruswil.
Ich wehrte mich bis zuletzt und wurde doch in die Küche der Bauern
gezerrt. Als diese den Beamten sahen, waren sie sehr freundlich.

»Wo warst du denn, Meck? Wir haben uns solche Sorgen gemacht.«

Der Beamte konfrontierte sie mit meinen Vorwürfen.

»Markus behauptet, dass er bei Ihnen immer wieder geschlagen würde.«

Entrüstet stritten sie alles ab.

»Markus geht es hier so gut wie unseren eigenen Kindern. Nie
würden wir ihn schlagen.«

Das Ganze ging noch eine Weile hin und her. Aber ich sah bald,
dass ich keine Chance hatte. Niemand hörte auf mich. Niemand
wollte auf mich hören. Schließlich verabschiedeten sich Vater und
der Beamte achselzuckend und entschuldigten sich sogar noch bei
Familie Amstutz.

Sie gingen. Sie ließen mich einfach im Stich. Und ich bekam
die Prügel meines Lebens.

Im Nachhinein kann ich mir nicht erklären, dass niemand die
blauen Flecken und die Striemen ernst nahm, mit denen ich in die
Schule kam. Keiner fragte nach, und wenn ich versuchte, etwas zu
erzählen, winkten alle nur ab.

Tatsächlich war ich als Verdingkind mit dieser Situation nicht allein. Vielen anderen erging es ähnlich oder sogar noch schlimmer, doch das wusste ich damals nicht.

Zwei Monate später war mein Vater in der Gegend unterwegs und kam spontan vorbei, um mich zu besuchen. Das hatte er noch nie getan.

Am vorderen Eingang des Bauernhauses war eine Klingel. Durch die Tür kam man über den Flur in die Wohnküche. Doch praktisch niemand betrat das Haus auf diese Weise. Man ging direkt zur Seitentür, öffnete sie und stand mitten in der Küche, wo das Zentrum des Lebens war. Alle hielten sich hier auf. Es gab zwar auch eine gute Stube, in der sogar ein Fernseher stand, aber dort durfte ich nur ab und zu hinein, zum Beispiel um »Die Sendung mit der Maus« zu schauen. Die Familie war dort nur an Feiertagen.

Mein Vater kam also durch die Seitentür in die Küche. Als er sie öffnete, war ich gerade auf der Flucht vor der Bäuerin, die sich ein paar Tage zuvor mit der Brotschneidemaschine in den Finger geschnitten hatte. Wütend stand sie vor mir und schrie: »Du musst gar nicht meinen, dass du leer ausgehst, nur weil ich etwas am Finger habe. Ich kann dich auch jetzt noch windelweich prügeln.«

In diesem Moment bemerkte sie meinen Vater. Sie versuchte noch, sich zu rechtfertigen und alles zu erklären oder zu beschönigen, doch diesmal glaubte er mir und diskutierte nicht groß mit Frau Amstutz. Stattdessen ging er mit mir ins Zimmer, wir packten meine Sachen, gingen zum Auto, und er nahm mich direkt mit nach Hause.

Ich atmete auf. Ich musste nicht mehr zurück auf den Hof.

Jahre später war ich noch einmal auf dem Bauernhof. Ich war inzwischen achtzehn, und als ich über meine Zeit als Verdingbub nachdachte, packte mich ein großer Zorn. Ich rief zwei Freunde an, packte einen Baseballschläger auf den Gepäckträger meines Motorrads und wir fuhren zu Familie Amstutz in den kleinen Weiler bei Ruswil. Meine Freunde warteten bei den Maschinen. Ich ließ den Baseballschläger erst einmal dort und ging in die Küche. Fast alle waren da.

»Der Meck. Ja, das ist ja eine Überraschung«, meinte die Bäuerin.

»Wie geht's denn so?«, fragte der Bauer.

Ich versuchte, mit ihnen ins Gespräch zu kommen, ihnen zu sagen, wie ich mich damals gefühlt hatte, aber sie winkten ab. Als ich von der harten Arbeit und den Schlägen anfing, meinten sie, dass ich mich täuschen würde. So wäre es nie gewesen. Sie hätten mich doch lieb gehabt und alles mit mir geteilt, was sie selbst besaßen.

Eigentlich wollte ich meiner Wut freien Lauf lassen, aber ich konnte es nicht. Ich fuhr einfach wieder mit meinen Kumpels nach Hause.

NICOLAS WITTWER, Jugendfreund von Meck, erzählt.
Mein Großvater kannte Mecks Vater Felix gut, so kamen wir damals in Kontakt. Wir wohnten in Küssnacht am Rigi, nicht weit voneinander entfernt. Meine Eltern hatten ein großes Haus mit zwölf Zimmern gemietet und meine Mutter verdiente sich etwas dazu, indem sie Kindern von italienischen Bauarbeitern ein Mittagessen anbot und sie betreute, bis ihre Eltern sie abholen konnten. Auch Meck kam regelmäßig zu uns. Doch während die anderen hauptsächlich zum Essen da waren, blieb er länger. Er kam auch an den Wochenenden, und wir wurden Freunde. Ich war ein Einzelkind, so freute ich mich riesig über den neuen »Bruder«. Er gehörte richtig zu uns.

Als er ins Kinderheim kam, war er sehr oft an den Wochenenden bei uns – wahrscheinlich öfter als bei seinem Vater. Und auch als Verdingbub kam er ab zu vorbei.

Durch seine Lebenssituation war Meck extrem selbstständig. Das musste er einfach sein. Trotzdem überraschte es uns, als er einmal an einem normalen Wochentag mit dem Fahrrad vorbeikam. Normalerweise waren die Zeiten organisiert und abgesprochen, die er bei uns verbrachte. Ich fragte ihn deshalb: »Du bist doch gar nicht angemeldet, was ist denn los?« Da erzählte er, dass er bei den Bauern ausgerückt war.

Mich hat es gefreut. Mein »Bruder« war wieder da, aber meine Eltern gaben natürlich seinem Vater Bescheid. Zunächst musste er zurück, aber es kam trotzdem etwas in Bewegung, und kurze Zeit später wohnte Meck wieder bei seinem Vater – jedenfalls für eine Weile.

Im Rückblick denke ich, dass diese Aktion von Meck, dieses »fight for your rights«, mich ein Stück weit zu dem gemacht hat, der ich jetzt bin, und meinen Gerechtigkeitssinn geprägt hat.

Heute haben wir nur noch sporadisch Kontakt. Mal vergeht mehr, mal weniger Zeit, bis wir wieder voneinander hören, aber wenn, dann freuen wir uns über die Begegnung oder ein kurzes Update per Facebook.

NOCH EIN BRUDER

»Ich leg mal Don Williams auf, okay?«, rief ich ins Wohnzimmer.

»Some broken hearts«, meinte mein Vater.

»Das ist ja fast so alt wie ich«, rief Andy. »Wie wär's mit ›That's the thing about love‹? Das ist ganz neu.«

Im Endeffekt hörten wir beide Songs – und noch viel mehr. Denn das war etwas, was uns verband.

Ich war zehn Jahre alt, als mein Vater mich wieder zu sich nach Hause holte. Eine Weile dachte ich damals: »Jetzt wird alles gut.« Dazu trug sicher bei, dass auch mein Bruder kurze Zeit vorher wieder daheim eingezogen war. Andy hatte gerade eine Ausbildung zum Lastwagenfahrer begonnen. Wir waren also praktisch wieder eine Familie.

An schönen Tagen redeten wir von Autos und Lastwagen. Wir schwärmten für die Helden der Landstraße, träumten von Truckerherrlichkeit und hörten Countrymusik.

Während Andy schon Lehrling war, ging ich weiter zur Schule. Das fiel mir sehr schwer, denn meine neue Klasse war mindestens ein Vierteljahr weiter als meine ehemalige in Ruswil. Mit Nachhilfe und Unterstützung von zu Hause hätte ich diesen Rückstand sicher aufholen können, doch es war niemand da, der mich an die

Hand genommen und mir geholfen hätte, deshalb wiederholte ich die vierte Klasse.

Wir wohnten damals oberhalb eines Restaurants an der Hauptstraße von Küssnacht in einer schönen Viereinhalbzimmerwohnung. Zuerst litt ich unter der dauernden Lautstärke, denn unter uns war Tag und Nacht Betrieb, und auch auf der Straße war einiges los. Doch irgendwann genoss ich es, dass ich den ganzen Tag über etwas zum Beobachten hatte.

Mein Bruder hatte damals eine Freundin und war entsprechend gut drauf. Ich mochte sie auch und war gern mit den beiden zusammen. Wenn ich in meinem Zimmer saß und die Wohnungstür ging, dann konnten die beiden noch so leise sein – ich wusste, dass sie da waren. Und kurz danach klopfte ich bei ihnen, stand in der Zimmertür und sagte Hallo. Sie hatten kaum eine Chance auf Zweisamkeit, aber ich war so dankbar, jemanden um mich zu haben, dass ich mich nicht darum kümmerte.

Die erste Zeit mit meinem Vater war relativ entspannt. Jedenfalls für mich. Ich konnte mich damals nämlich schon gut ausdrücken, und wenn wir über irgendetwas diskutierten, zog er meist den Kürzeren.

»Markus, ich hab dir doch gesagt, dass du das machen sollst.«

»Aber warum?«

»Das ist... weil...«

»Weißt du, Papa, das kann man auch anders sehen. Manche denken, dass...«

»Ruhe! Ich will aber, dass du das machst.«

»Okay, aber meinst du wirklich...«

Solche Diskussionen gefielen ihm selbstverständlich nicht. Sie waren ihm zu viel. Und trotzdem waren wir uns selten so nah wie damals. Ich ging in die normale Schule. Ich hatte ein normales Zuhause, eine Familie, und ich war glücklich.

Aus dieser Zeit erinnere ich mich an das, woran man sich als Kind erinnern sollte: Im Winter gossen wir auf dem Schulhof so lange Wasser auf eine abschüssige Fläche, bis diese zur perfekten Schlitterbahn wurde. Dann schliffen wir bei unseren Stiefeln noch das lästige Profil an den Sohlen weg, damit es uns nicht bremste. Jetzt konnten wir auf der Eisbahn gleiten. Wir nahmen Anlauf und schlitterten wie die Profis entlang. Ich hatte einmal zu viel Tempo drauf und landete im Stacheldrahtzaun dahinter – aber auch in Küssnacht gab es einen Arzt.

Im Sommer spielten wir unter der großen Buche auf dem Schulhof »Murmeli«. Wir gruben zwischen den Wurzeln ein Loch, stellten uns in einigem Abstand auf und warfen unsere Murmeln in Richtung des Lochs. Für Zuschauer sah es bestimmt seltsam aus, wie wir vier Jungen hoch konzentriert im Schatten der Krone standen.

Wurf – »Klick!« – »Aaaah!«

Wurf – nichts – »Ooooh!«

Wurf – »Klick!« – »Jaaa!«

»Ich hab gewonnen.«

»Du hast einfach Glück gehabt. Mein Murmeli wäre fast noch reingerollt.«

»Aber eben nur fast...«

Das Spiel war nicht kompliziert. Wer die meisten Murmeln im Loch versenkte, bekam alle anderen aus der Runde. Glasmurmeln zählten einfach, die Perlmuttmurmeln zehnfach. Ich war gar nicht schlecht dabei und brachte oft beide Hosentaschen voller Murmeln nach Hause.

Während ich als Verdingbub bei der Bauernfamilie gewesen war, hatte Vater eine Frau kennengelernt, die bereits ein Kind hatte. Kerstin wurde seine Freundin – und wir verstanden uns sehr gut. Ihre Tochter Christina war etwas älter als ich und wir kamen halbwegs miteinander zurecht. Weil er auch bei seinem leiblichen Vater wohnte, war er nicht immer da. An den Wochenenden unternahmen wir oft etwas zu viert. »Fast wie eine richtige Familie«, dachte ich manchmal, »Vater, Mutter und zwei Kinder.« Wir unterschieden uns nicht von den anderen Familien und das fühlte sich erfreulich normal an.

Küssnacht liegt direkt am Vierwaldstättersee und bei schönem Wetter kamen Unmengen von Ausflüglern ans Wasser. Deshalb packten wir oft unsere Sachen und fuhren zum vier Kilometer entfernten Zuger See nach Immensee, wo weniger los war. Wir waren dann den ganzen Tag zusammen, spielten, badeten und grillten.

Auch mit meinem inzwischen volljährigen Bruder unternahm ich einiges. Wenn er abends mit seinen Freunden loszog – mit Lederjacke und Gettoblaster –, war ich gern dabei. Für ihn muss es eher lästig gewesen sein. Welcher Achtzehnjährige hat gern den kleinen Bruder dabei, wenn er sich mit Gleichaltrigen trifft? Aber er verbot mir nur manchmal mitzukommen, meistens hieß es einfach: »Na, komm schon«, wenn ich wieder einmal bittend vor ihm stand. Mit seiner Clique saßen wir oft am See, und manchmal gingen wir auch in die Kneipe. Ich war zwar erst zwölf, aber mit ihm an der Seite fühlte ich mich erwachsen.

Vater heiratete Kerstin, und sie zog endgültig bei uns ein, doch damit änderte sich unser Verhältnis zueinander.

Als wir jeden Tag mit ihr verbrachten, fiel mir auf, dass sie sich manchmal seltsam verhielt. Einmal kam ich nach Hause und Andy stritt sich mit ihr. In der einen Hand hielt sie eine Flasche, in der anderen eine Packung Tabletten. Mein Bruder wollte ihr beides wegnehmen, aber sie wehrte sich. Dabei stolperte sie, stürzte und verletzte sich leicht. Heute weiß ich, dass sie wohl alkohol- und medikamentenabhängig war, doch damals konnte ich mir ihr Verhalten überhaupt nicht erklären.

Am gleichen Abend noch erzählte Kerstin meinem Vater, dass Andy sich völlig danebenbenommen hätte. Erst später erfuhr ich, dass sie ihm gleichzeitig ein Ultimatum gestellt hatte: »Entweder er oder ich.«

Mein Vater entschied sich gegen sein Kind.

Als Andy am nächsten Tag von der Arbeit nach Hause kam, hörte er nur: »Hau ab. Raus.«

Er versuchte, mit Vater zu sprechen. Unmöglich.

Ich probierte es auch. Wir waren doch gerade dabei, als Familie wieder zusammenzuwachsen! Das konnte doch nicht schon wieder zu Ende sein. Aber leider war es das.

Noch am selben Abend verließ Andy die Wohnung und zog zu einem Freund. Wieder einmal war von heute auf morgen alles anders.

Kurz danach änderte sich die Stimmung bei uns daheim noch einmal. Kerstin wurde schwanger. Ich war begeistert und freute mich auf meinen neuen Bruder. Benjamin sollte er heißen. Doch der biblische Name »Sohn des Glücks« schlug in unserer Familie ins Gegenteil um. Viel zu früh bekam Kerstin Wehen, wurde ins Krankenhaus gefahren und brachte Benjamin zur Welt. Er wurde sieben Stunden alt. Dann starb er.

Das nahm uns alle stark mit. Dazu kam eine weitere Diagnose: Bei der Entbindung im Krankenhaus wurde festgestellt, dass

Kerstin Unterleibskrebs hatte. Fortgeschrittenes Stadium. Unheilbar.

Sehr bald lebte sie von Astronautenkost und kam gar nicht mehr aus dem Bett. Sie war nur noch Haut und Knochen. Natürlich hatte ich bei ihrem Anblick die Bilder von meiner Mutter vor Augen: wie sie immer weniger wurde, den Infusionsständer an ihrem Bett, ihren Sturz und das viele Blut. Sollte jetzt auch Kerstin sterben? Allein der Gedanke ließ mich nachts nicht einschlafen. Sie war nicht meine Mutter. Sie war mir nie so nahe gewesen. Aber ich wollte auf keinen Fall, dass sie starb. Das wäre schrecklich für sie. Für Vater. Und für mich ...

Auch Kerstin gab mein Vater nicht ins Spital, sondern er kümmerte sich zu Hause selbst um sie.

Irgendwann nahm er mich zur Seite und sagte: »Markus, ich finde, du solltest das alles nicht mitmachen müssen.«

Ich schluckte.

»Wahrscheinlich wäre es am besten, wenn du für eine Weile nicht im Haus bist.«

»Du meinst, ich muss wieder ins Heim?«

»Es ist doch nur zu deinem Besten – und vorübergehend.«

Er erzählte mir von einem Jugendheim, zu dem er bereits Kontakt aufgenommen hatte. Der zuständige Mann vom Jugendamt sei auch dafür. Ich bekam ja jeden Tag mit, wie schlecht es Kerstin und letztlich auch Vater ging, also stimmte ich zu. Was hätte ich auch sonst sagen sollen?

Ich zog ins Heim in Schachen. Nach ein paar Monaten kam eine Erzieherin zu mir und sagte, meine Mutter sei gestorben.

Kerstin war nicht meine Mutter. Aber es traf mich trotzdem.

Noch mehr traf mich allerdings, dass ich diese Nachricht von ihr und nicht von meinem Vater hörte.

Gleichzeitig freute ich mich, dass ich jetzt bald nach Hause konnte. Doch davon war keine Rede mehr. Auch nicht ein paar Wochen später, als Vater sich wieder gefangen hatte. Ich realisierte, dass sich sein Leben scheinbar normalisierte, ich aber keinen Platz mehr darin hatte.

Die Ablehnung, die ich jetzt erfuhr, fühlte sich jahrelang unwirklich an. Hatte ich das tatsächlich erlebt? Bildete ich es mir nur ein? Doch die Akten, die ich später einsehen konnte, unterstreichen deutlich: Ich war zunächst nur vorübergehend ins Heim gekommen, doch später konnte und wollte Vater mich nicht mehr bei sich haben. So blieb ich dort.

EIN GUTES HEIM

»Bist du neu?«

»Mhhm«, nickte ich.

Peng!, hatte ich eine Faust im Gesicht.

Ich war den ersten Tag in dem Jugendheim, wo ich die nächsten Jahre verbringen sollte, und saß mit anderen Kindern meiner Altersklasse im Werkunterricht. Der Lehrer war gerade anderweitig beschäftigt, als mein Stuhl plötzlich nach hinten gerissen wurde. Hart schlug er am Boden auf. Ein Junge beugte sich über mich und sah mich streng an. So kam ich zu dem Schlag ins Gesicht.

Jedes Heim hat eben sein eigenes Willkommensritual. Es hätte schlimmer kommen können. Andere wurden ausgezogen und in die Brennnesseln geworfen. Ich wurde nur kurz angecheckt.

Schachen war ein Dorf mit gut tausend Einwohnern, und ich war jetzt einer davon. Das Jugendheim lag am Ortsrand. Es bestand aus sechs Wohnhäusern, die eng beieinanderstanden. In jedem lebte eine Wohngruppe, für die ein Erzieherteam zuständig war. Als ich mit meinem Koffer in der Hand ankam, wurde ich in Haus 1 gebracht, das Einstiegshaus für alle Neuzugänge.

Ich war vorher schon in einem Heim gewesen, deshalb war mir klar, was alles passieren könnte. Aber ich fühlte mich nicht als Profi.

Gut so. Denn das war ich auch nicht.

Das Heim war damals gerade umgestellt worden. Vorher waren dorthin die »harten Jungs« gekommen, doch die hatten hier jetzt keinen Platz mehr. Stattdessen kamen verhaltensauffällige Jugendliche ins Heim, die nicht in ihre Familie passten oder in jeder Schule den Rahmen sprengten. Junge Leute wie ich, die ihre Macken und Probleme hatten, aber im Großen und Ganzen völlig in Ordnung waren.

Grundsätzlich hatte ich es dort sehr gut. Im Heim waren fast fünfzig Kinder und Jugendliche. Es gab eine eigene Schule auf dem Gelände und ich kam mit meinen elf Jahren in die fünfte Klasse. Nach den ersten Wochen wurde ich in Haus 3 verlegt. Dort waren wir acht Jungs und Mädchen.

Es dauerte eine Weile, bis ich meinen Platz in dieser Gruppe gefunden hatte. Jeder von uns hatte ja seine Schwierigkeiten mit anderen Menschen, deshalb waren wir hier. Typisch dafür war mein Clinch mit »Maradona«. Der hieß natürlich anders, aber er war ein super Sportler und begnadeter Fußballer, deshalb hatte er diesen Spitznamen bekommen. Wenn er nur einen Ball ansah, lag der bereits im Tor.

Irgendwie hatte Maradona mich auf dem Kieker. Er war zwar kleiner als ich und auch nicht so stark, aber ich war ängstlicher, und scheinbar roch er das. Er ärgerte mich. Er quälte mich. Und er fand kein Ende.

Eines Tages zog er wieder über mich her. Er stichelte und ich versuchte, ihn zum Aufhören zu bewegen. Ich schrie ihn an: »Jetzt ist es genug! Lass mich in Ruhe!«

Er grinste nur. Deshalb fixierte ich ihn und sagte drohend: »Wenn du jetzt nicht aufhörst, dann ...«

»Dann was?«, fragte er.

Betont lässig und langsam ging er aus unserem Gemeinschaftsraum nach draußen auf die Terrasse. Er blickte zurück, lächelte und zog die Glastür hinter sich zu. Die Schiebetür schloss mit einem »Klick«.

In mir machte es auch »klick«. Ich sah rot und rannte auf ihn zu. Durch die geschlossene Glastür hindurch.

Ich zog mir ein paar kleine Schnittwunden zu, die ich gar nicht merkte, und sah sein Erstaunen. Plötzlich fiel mein Blick auf die Dachlatte, die fürs nächste Lagerfeuer neben der Terrasse auf einem Holzstapel lag. Ich schnappte sie mir und verdrosch Maradona damit. Danach war Ruhe. Und wir wurden fast Freunde.

Von diesem Moment an prügelte ich mich im Heim nur noch mit denen, die sich an Kleineren vergriffen. Weil ich so ein ausgeprägtes Gerechtigkeitsempfinden hatte, bekam ich von den Erziehern und Lehrern den Beinamen »Robin Hood«. Doch so »edel, hilfreich und gut«, wie sich das anhören mag, war ich gar nicht.

Wenn Kleine und Schwache bedroht wurden, dann schützte ich sie mit vollem Einsatz. Aber wenn wir am Mittwochnachmittag schulfrei hatten, stellte ich mir oft einen Stuhl auf den Hof und wartete. Wehe, jemand fuhr dort mit dem Fahrrad längs. Das war nämlich verboten. Dann verpfiff ich ihn todsicher. Kein Wunder, dass ich nicht besonders beliebt war. Wahrscheinlich wollte ich mit diesem übersteigerten Gerechtigkeitsempfinden und der Regelhörigkeit all die Ungerechtigkeiten kompensieren, die ich selbst erfahren hatte.

Das Ganze änderte sich erst bei einer Reise. Als Wohngruppen unternahmen wir auch außerhalb der Schulzeit viel miteinander. Das reichte vom Grillen und Schwimmen in der direkten Nachbarschaft bis hin zu Wochenendtouren. In den ersten beiden Wochen der Sommerferien waren wir ebenfalls gemeinsam unterwegs – niemand von uns hätte sonst mit seinen Eltern so etwas wie Sommerurlaub gemacht.

Bei solch einer Gelegenheit waren wir einmal in einem Schullandheim. Da hatte einer der Erzieher die Idee: »Wir müssen etwas mit Meck anfangen, sonst dreht der uns durch.« Nun begannen sie als Leiter der Gruppe eine harte Therapie mit mir. Sie schnitten mich. Sie nannten mich nur noch Arschloch. Und sie provozierten mich.

Wenn wir Karten spielten, dann schummelten sie so offensichtlich, dass alle es sahen. Sie grinsten – und kurz darauf schauten sie, so unschuldig sie nur konnten. Ich regte mich fürchterlich auf, aber keiner außer mir schien etwas zu bemerken. Ich war die ganze Zeit auf hundertachtzig und kam gar nicht mehr raus aus meinem Robin-Hood-Modus. Doch irgendwann fiel der Groschen bei mir. Ich realisierte, dass ich nicht der Retter der Welt war, und von da an ging es uns allen besser.

Natürlich war ich nicht der einzige Junge mit Problemen im Heim. Wir waren alle verhaltensauffällig, und die Lehrer und Erzieher hatten es nicht leicht mit uns. Wir waren wie Vulkane, bei denen man nie wusste, welcher als Nächstes ausbrechen würde.

Da war zum Beispiel Pancho. Er war Argentinier und sah mit seinen glänzend schwarzen Haaren auch so aus, wie man sich einen Südamerikaner vorstellt. Wenn er eine Gitarre in die Finger bekam, war er der friedlichste Zeitgenosse. Er hatte eine unglaublich gute Stimme. Ab und zu gab er uns ein kleines Konzert, und wir waren hin und weg, wie gefühlvoll und gut er singen konnte. Allerdings hatte auch er eine Macke. Er bekam unvermittelt Wutanfälle.

Als wir einmal im Mathematikunterricht mit rauchenden Köpfen über einem Arbeitsblatt grübelten, merkte ich, dass er knallrot anlief.

»Jetzt geht's los«, dachte ich. »Ihm wird's zu viel.«

Im nächsten Moment stand Pancho schreiend auf und ging raus. Immer noch schreiend kam er zwei Minuten später zurück – mit einer Axt in der Hand, die er vermutlich aus der Schulwerkstatt geholt hatte. Er stürmte damit zu seiner Schulbank, hob die Axt, hieb auf die Bank ein und zertrümmerte sie völlig. Erst als sie in Einzelteilen und Splittern vor ihm lag, setzte er sich wieder hin – er hatte sich beruhigt.

Während Pancho in Rage war, hielten wir alle die Luft an. Niemand sprach ihn an oder ging dazwischen, auch unser Lehrer nicht. Wir wollten schließlich leben. Außerdem wussten wir, dass Pancho danach wieder der friedfertigste Schüler der Welt sein würde.

Manche Lehrer hielten diese Spannung bei uns nicht aus. Sie waren nur »normale« Schüler gewöhnt. Ich erinnere mich an eine Religionslehrerin, der wir einmal unsere Butterfly-Messer präsentierten. Wir gingen damit zu dritt auf sie zu. Wir wollten die Messer nicht einsetzen, die Klingen und unser bewusst langsamer Gang sollten einfach nur unsere Unsicherheit überdecken. Wenn sie etwas gesagt hätte wie: »Schöne Messer. Aber wollt ihr jetzt Stöckchen schnitzen oder im Unterricht sitzen?«, dann hätten wir uns sicher einfach wieder hingesetzt. Doch sie rannte schreiend weg und kam nie wieder.

Viele unserer Lehrer ließen sich dagegen von unserer rauen Schale nicht abschrecken. Sie waren Pädagogen im besten Sinne und sahen uns nicht als unheilbare Problemfälle, sondern als junge Menschen mit Potenzial. Walter Meier war so einer.

Als er in der sechsten Klasse mein Lehrer wurde, kam er bald auf mich zu und sagte: »Meck, wir müssen mal reden. Ich sehe, dass du zwar Schwierigkeiten mit der Schule hast, aber keine mit dem Lernen.«

»Und was bedeutet das?«

»Hier sind einige Kameraden, die brauchen den geschützten Rahmen bei uns. Die Anforderungen an einer normalen Schule wären ihnen zu viel. Du, Meck, würdest das schaffen.« Ich sah Zuversicht und Vertrauen in seinen Augen. »Du solltest nicht hier zur Schule gehen. Du schaffst die öffentliche.«

Das traute ich mir auf keinen Fall zu. Ich sah mich schon als Heimkind am Rande stehen und an meinen Englischhausaufgaben scheitern.

Doch Meier konnte scheinbar meine Gedanken lesen und ermutigte mich: »Keine Panik. Ich helfe dir.«

Das tat er. Er trimmte mich regelrecht. Fast jeden Tag setzte er sich mit mir zusammen, gab mir Aufgaben, übte mit mir und ermutigte mich einfach.

Es gab zwei Möglichkeiten für eine Schulkarriere außerhalb des Heims: die Realschule und die Sekundarschule. Die Realschule war zwar nicht schlecht, aber sie bot nur eingeschränkte berufliche Möglichkeiten. Die Sekundarschule war wesentlich besser und bereitete auf den Einstieg ins Gymnasium vor.

»Du schaffst die Sekundarschule«, war Meier überzeugt.

Vielleicht hätte ich es tatsächlich geschafft, aber ich war zu faul. Ich stand mir selbst im Weg und glaubte zu wissen, dass jemand wie ich auf der Sekundarschule nichts zu suchen hatte. Als ich schließlich den Zulassungstest schreiben musste, fiel ich durch. So kam ich auf die Realschule in Malters, dem Dorf, zu dem

Schachen gehört. Und das Wichtigste: Meier glaubte weiterhin an mich. Er gab mich nicht auf und förderte mich, wo er nur konnte.

So wie vielen anderen brachte er mir Schach bei, aber vor allem Sport spielte eine große Rolle bei ihm. Er war glühender Fußball-fan – als Schweizer hielt er immer zu Deutschland. Hatte die deutsche Nationalelf ein Spiel gewonnen, konnte man das an seinem Gesicht erkennen, wenn er den Klassenraum betrat. Solche Tage waren Festtage, denn dann gab es immer ein leckeres »Znüni«, also etwas Süßes als zweites Frühstück. Hatten die Deutschen verloren, gab es nur normalen Unterricht.

Meier selbst hatte jahrelang aktiv Tischtennis gespielt. Deshalb organisierte er heimintern und auch zwischen verschiedenen Jugendheimen Turniere. Weil er aus seiner aktiven Zeit noch viele Kontakte zu Sportlern hatte, kamen immer wieder interessante Leute zu uns nach Schachen.

Im Tischtennis war ich gut. Dreimal nacheinander gewann ich das heiminterne Turnier. Jedes Mal gab es dafür den Wander-pokal. Er hatte praktisch schon seinen festen Platz bei mir im Zimmer. Eigentlich galt die Regel, dass man den Pokal behalten durfte, wenn man ihn dreimal gewonnen hatte, doch direkt vor meinem letzten Sieg wurde das Reglement geändert. Ich fühlte mich betrogen.

Jahre später schenkte mir Walter Meier eins der Bücher, die er über seinen Alltag als Lehrer in Schachen und seine Erlebnisse mit den Schülern dort verfasst hatte. Als Widmung schrieb er auf die erste Seite: »Für den einzigen Tischtennisspieler, der den Pokal dreimal gewann und nie behalten durfte«.

Dafür bekam ich nach meinem dritten Sieg eine besondere Ehrung. Meier hatte Thomas Busin dafür gewonnen, zu uns ins

Heim zu kommen. Er war siebenfacher Schweizer Meister im Tischtennis und der erste Tischtennisprofi der Schweiz. Und ich durfte gegen ihn antreten. Natürlich wusste ich, dass ich verlieren würde, aber ich wollte ihm wenigstens etwas entgegensetzen und nicht untergehen.

Ich ging unter. Er spielte mich 21 : 0 gegen die Wand.

All meine Kniffe und Künste nützten bei Busin nichts. Er schien immer schon vorher zu wissen, was ich plante. Manchmal spielte er sogar mit Ansage: »Ich spiele den Ball jetzt so zu dir herüber, dass er da aufkommt, du wirst ihn hierher zurückspielen und dann schlage ich ihn dorthin – und du wirst ihn nicht bekommen.« Erst glaubte ich ihm nicht, aber er überzeugte mich schnell, und es kam genau so, wie er es angekündigt hatte.

Im Nachhinein war mir dieses Match viel mehr wert, als einen Pokal behalten zu dürfen, den ich doch nur hätte abstauben müssen.

Sport war für die meisten von uns Heimkindern eine wichtige Komponente. Viele von uns – ich eingeschlossen – holten sich hier die Erfolgserlebnisse, die sie in der Schule nicht hatten. Außerdem hatten wir damit eine sinnvolle Beschäftigung. Wenn ich meine Turnschuhe trug und meine tägliche Joggingrunde lief, stellte ich schon mal nichts an. Ein drahtiger Ausdauersportler wurde ich nie, aber das Laufen an der frischen Luft gab mir jede Menge Gelegenheiten, über mich und die Welt nachzudenken. Ich brauchte das!

Ich wurde auch nie ein guter Fußballer. Ich hatte zwar einen scharfen Schuss, aber ich beherrschte das Spiel trotzdem nicht. Andy, mein Bruder, meinte immer: »Meck, dir fehlt der Biss!« Er hatte leicht reden. Zu dieser Zeit spielte er irgendwo in der zweiten Liga.

Während die besseren Spieler in den Sturm kamen, war ich Verteidiger. »Da richtest du am wenigsten Schaden an«, meinte Maradona. Meine fehlende Technik versuchte ich durch Einsatz zu kompensieren. So war ich trotz allem kein leichter Gegenspieler. An mir mussten die Stürmer erst einmal vorbeikommen.

In der Realschule in Malters hatte ich zunächst keinen leichten Stand. Was ich sportlich auf dem Kasten hatte oder wie ich mich in die Wohngruppe einbrachte, zählte hier nichts. Ich war der Heimjunge. Und als solcher hatte ich schon einen schlechten Ruf, bevor ich das erste Mal den Mund aufgemacht hatte. Dazu kam in meinem Fall die übliche Rivalität zwischen benachbarten Dörfern, denn »die aus Schwarzenberg« hatten kaum etwas zu schaffen mit »denen aus Malters«, zu denen auch ich gehörte. Elvis brachte dann das Fass zum Überlaufen.

Natürlich war Elvis nicht der King des Rock 'n' Roll, sondern der Held der Schwarzenberger, ein bulliger Kerl mit einer Tolle… eben wie sein Namensgeber. Er tat so, als wäre der Schulhof sein Privatgelände, und wir Teenager aus Malters und den anderen Dörfern hatten dort seiner Meinung nach nichts zu suchen.

»Das ist ja nicht zum Aushalten«, stöhnte ich.

»Ja, aber was sollen wir tun? So ging das schon das ganze letzte Schuljahr«, meinte ein Klassenkamerad.

»Und er ist nun einmal der Stärkste.«

Ich weiß nicht, was mich mehr herausforderte: mein Robin-Hood-Gen, das die Ungerechtigkeit nicht ertrug, oder der Hinweis auf seine Überlegenheit. Jedenfalls hatte ich eine Entscheidung gefällt. Ich stand auf.

Die anderen warnten mich: »Meck, tu's nicht!«

»Und doch tu ich's.«

Ich verließ unsere kleine Gruppe und ging auf Elvis und seinen Hofstaat zu. Das allein war schon eine unerhörte Provokation.

»Ein Schisshaas aus Malters«, meinte er. »Du hast dich wohl verlaufen. Los! Ab in deine Ecke.«

Doch ich ging einfach weiter, nahm ihn mir zur Brust und verprügelte ihn.

Elvis war nicht der Stärkste, er hatte nur das größte Ego. Und dieses Ego bekam an diesem Tag einen gewaltigen Kratzer.

In der nächsten Zeit war ich der Held des Schulhofs, doch das hieß nicht, dass die Schwarzenberger Schüler sich jetzt nicht mehr auf den Schulhof trauen durften. Eine Weile herrschte einfach Frieden.

Ich war schon eine echte Nummer damals. Wahrscheinlich waren sich die meisten Lehrer darin einig, dass ich die Schule nicht schaffen und später eine kriminelle Laufbahn einschlagen würde.

Sie sollten sich irren.

WALTER MEIER, ein Lehrer von Meck, erinnert sich:
Meine Zeit als Lehrer in Schachen war schon etwas Besonderes. In der Anfangszeit galt die Einrichtung als »Heim für Verhaltensgestörte«, später als »Heim für Verhaltensauffällige«. Jahre danach wurde sie »Heim für Verhaltensoriginelle« genannt. Dort herrschte ein ziemliches Kommen und Gehen sowohl bei den Mitarbeitern als auch bei den Schülern.
Manche Kollegen kamen mit den Schülern nicht zurecht und waren schnell wieder weg. Ich mochte sie und arbeitete jahrelang gern an der Schule. Das Schöne bei diesen angeblich verhaltensauffälligen jungen Leuten war, dass sie grundehrlich waren. Anders als bei »normalen« Schülern hielten sie nichts zurück und sprachen aus, was sie dachten: fadengerade und glasklar.

Einer von ihnen war Markus. Ich erinnere mich noch gut, wie wichtig ihm Gerechtigkeit war – manchmal war er auch nur rechthaberisch. Wenn er meinte, dass irgendeine Situation ungerecht war, dann erfuhr es jeder; er musste es einfach allen mitteilen. Daran hat sich einiges geändert, aber längst nicht alles. Als mir nach 23 Jahren gekündigt wurde, weil ich nicht mehr ins neue pädagogische Konzept des Heims passte, war Markus einer der Schüler, die sich darüber beschwerten. Er fand es »inakzeptabel« und meinte: »Eine solche Institution sollte eigentlich für Kinder und Jugendliche und nicht für verhaltensauffällige Erwachsene gedacht sein.«

Einige Kollegen in Schachen gefielen sich darin, den Kindern knallhart zu vermitteln: »Aus dir wird sowieso nichts, du hast keine Chance. Irgendwann endest du als Drogensüchtiger.« Das war nie mein Ansatz. Ich sah das Potenzial meiner Schüler und wollte sie fördern. Manchmal nahm ich sie deswegen beiseite und forderte sie heraus: »An deiner Stelle würde ich es denen zeigen. Mach dein Ding. Du schaffst das!«

Gerade bei Markus merkte ich bald, dass er ein spezieller Fall war. Er hatte das Zeug dazu, eine normale Schule außerhalb des Heims zu besuchen. Das schafften nur wenige. Ich unterstützte ihn, soweit mir das möglich war, und verlor ihn deshalb als Schüler, denn er besuchte nun die Realschule in Malters. Doch wir verloren uns nicht aus den Augen. Sein Weg ging nicht geradeaus und längst nicht nur aufwärts, aber trotz Drogengeschichten und so mancher Eskapaden hatte er schließlich Erfolg.

Wenn ich früher einem ehemaligen Lehrer von mir begegnete, dann ging ich um die nächste Hausecke und war verschwunden. Das ist mit Markus und vielen meiner Schüler anders. Manche treffe ich in Luzern auf der Straße und wir freuen uns über die Begegnung, manche kommen in meine Stammbeiz und wir reden über die alten Zeiten. Und Markus ruft ab und zu an und fragt: »Wollen wir einen Kaffee zusammen trinken?«

SCHIEFE TÜRME, STEILE BERGE

»Ich glaube, es gibt heute noch Regen«, meinte Sandy.

»Du Blitzmerker«, antwortete ich ihm, »die ersten Tropfen fallen doch schon.«

Wir hatten eben erst die Zelte aufgestellt, und Sandy und ich waren dabei, unsere Siebensachen zu sortieren, da ging es los. Zuerst dachten wir noch daran, gemütlich drinnen im Zelt zu liegen, den Einstieg halb geöffnet zu halten und hinauszuschauen, wie es draußen nieselte. Doch es dauerte nur wenige Minuten und aus dem leichten Nieseln war erst ein starker Regen und dann ein heftiges Gewitter geworden.

»Alle bleiben in den Zelten!«, rief unser Lehrer laut in die Runde. »Mit einem Gewitter in den Bergen ist nicht zu spaßen.«

Wir merkten schnell, dass er recht hatte. Es war zwar noch mitten am Tag, aber draußen war es gespenstisch dunkel geworden. Alle paar Sekunden zuckte ein Blitz über den Himmel, den wir durch die Zeltwand sahen, als wären wir draußen im Freien. Direkt danach dröhnte jeweils ein gewaltiger Donner durchs Tal, hundertfach verstärkt von den Felswänden der Berge. Es war gruselig.

Dazu kam ein Regen, der von Minute zu Minute stärker wurde. Erst hingen die Zeltwände ein wenig herab, dann tropfte alles, und schließlich liefen Bäche durchs Zelt. Wir saßen buchstäblich im Wasser und unser Gepäck samt Luftmatratzen und Schlafsäcken schwamm um uns herum.

»Alle bleiben in den Zelten!«, rief unser Lehrer zwischen zwei Donnerschlägen. »Was nass wird, das trocknet auch wieder.«

So heftig das Gewitter auch war, nach einer halben Stunde war alles vorbei. Vorsichtig öffneten wir unser Zelt. Neben uns ging ein Reißverschluss nach dem anderen auf. Wie die begossenen Pudel standen wir alle zusammen und sahen, wie die letzten Gewitterwolken hinter dem Berg verschwanden.

Die Sonne schien. Die Vögel zwitscherten. Und wir sahen aus wie Schiffbrüchige, die man aus dem Wasser gezogen hat.

»Wow!«, sagte ich zu Sandy. »Das war mal eine Erfahrung!« Langsam kam mein Puls wieder bei seinem normalen Tempo an. So etwas hatte ich noch nie erlebt.

Ein großer Teil der pädagogischen Arbeit im Heim fand nicht während des Unterrichts in der Schule statt, sondern in der Freizeit. Kein Wunder, dass ich deshalb bei meinen Erinnerungen ans Heim besonders an Ausflüge und Fahrten denke. Ich habe die Berge vor Augen – solche aus der nächsten Nachbarschaft und weit entfernte –, den Geruch von Lagerfeuer in der Nase, und ich denke an all die erlaubten Dinge, die ich ließ, und die verbotenen, die ich tat.

Einen meiner ersten Urlaube im Heim verbrachten wir als Wohngruppe in Golzern. Das kleine Dorf liegt am Fuß des Gotthards im Reusstal. Die Gegend ist so malerisch, wie nur die Schweiz sein kann. Dort erlebten wir das heftige Gewitter, von dem ich eben berichtet habe. Die restlichen Urlaubstage hatten wir wunderbares Wetter. Wir stromerten durch den Wald, wir wanderten in den Bergen, und wir schwammen im Golzernsee.

Extra für diese Fahrt hatte mein Vater tief in die Tasche gegriffen und mir eine echte Levi's gekauft. Es war meine absolute Lieblingshose. Eigentlich trug ich keine andere. Wenn sie schmutzig war, wusch ich sie sofort, damit ich sie möglichst bald wieder anziehen konnte. Deshalb lief ich an einem Tag zum Golzernsee, um sie darin zu waschen. Als ich dort ankam, hatten ein paar aus der Gruppe gerade mit einem Boot abgelegt und ruderten hinaus. Ich dachte, dass es lustig sein würde, mich zusammen mit den anderen ins Boot zu setzen und die Hose von dort aus im See zu waschen. Also warf ich sie ihnen schwungvoll zu.

»Hey, fangt sie mal. Ich komme auch gleich.«

Doch ich verschätzte mich und warf zu kurz. Die Jeans landete im Wasser.

Ein paar Sekunden lag sie auf der Wasseroberfläche, als ob sie nicht recht wüsste, was sie tun sollte, dann ging sie unter.

Meine neue Jeans!

Völlig entsetzt schaute ich hinterher. Einerseits war ich so stolz auf diese Hose, andererseits fürchtete ich, dass mein Vater explodieren würde, wenn er erfuhr, dass ich sie im See versenkt hatte.

Ich überlegte nicht lange, sprang hinterher und tauchte im Golzernsee immer wieder bis auf den Grund, um die Jeans hochzuholen. Das Wasser war – typisch für Bergseen – etwa vier bis fünf Grad warm. Ich musste bestimmt fünf Meter tief tauchen, um die Hose zu finden. Endlich entdeckte ich sie. Mit klammen Fingern griff ich danach, holte sie heraus, schwamm zum Ufer und warf mich auf den Boden. Ich zitterte heftig und hatte fast einen Kälteschock.

So ein unüberlegtes Verhalten war für mich und die anderen in der Gruppe ziemlich normal. Keiner von uns dachte groß nach, wenn wir etwas taten.

Gegenüber unserem Zeltplatz erhob sich ein schöner Berg. Eines Tages fragten Sandy und ich: »Dürfen wir den zu zweit besteigen?«

»Okay, aber bleibt unbedingt zusammen«, ermahnte uns der Erzieher. »Und nehmt an der Kreuzung davor auf jeden Fall den Weg, der rechtsherum geht.«

»Alles klar.«

Wir marschierten los, kamen an die bewusste Kreuzung, schauten uns kurz an und gingen natürlich linksherum. Laut mussten wir lachen.

»Da ist doch nichts dabei«, meinte ich.

Zunächst kamen wir gut voran, doch dann erreichten wir ein Geröllfeld. Dort rutschten wir im Zeitlupentempo weiter bergan. So machte das Laufen keinen Spaß, aber keiner von uns wollte einen Rückzieher machen. Schließlich kamen wir an eine Steilwand von gut zehn Metern Höhe, neben der ein Wasserfall herunterrauschte. Es war der einzig mögliche Weg zum Gipfel, wenn wir nicht umkehren wollten. Also kraxelten wir sie hoch.

Das alles zusammen war zu viel für mich. Ich bekam einen Bergkoller. Ich war wie gelähmt und konnte weder vor noch zurück.

Dabei hatte ich den Eindruck, dass meine Panik durch das dauernde Rauschen des Wasserfalls noch verstärkt würde. Sandy redete mit Engelszungen auf mich ein und irgendwie konnte er mich beruhigen. Er half mir, nach rechts zur Seite hinüberzuklettern. Wir schafften es tatsächlich, die Steilwand hochzuklettern, und gingen weiter. Irgendwann kamen wir an einen Weg, der wunderschön und nicht zu schwierig war. Wir waren auf der richtigen Strecke angekommen – auf genau dem Weg, der von der ersten Kreuzung rechts abging. Wir hätten es leichter haben können. Vor allem aber hätte unsere Aktion richtig böse enden können.

Diese völlig unnötige Sturheit in alltäglichen Situationen war typisch für mich und die anderen Heimkinder. Sie war nicht nur in Golzern zu spüren, sondern auch in Villeneuve, wo wir später einmal Ferien auf dem Campingplatz machten. Hanspeter Zihlmann begleitete uns als Erzieher. Sportlich, wie er war, fragte er vorher in die Runde: »Wer will mit dem Auto fahren? Und wer begleitet mich auf dem Fahrrad nach Villeneuve?«

Urs meldete sich sofort, ich war auch dabei.

So fuhren wir etliche Stunden vor den anderen auf unseren Rädern los. Wir hatten nur leichtes Gepäck dabei, das meiste fuhr im Auto mit. Die Strecke war traumhaft schön und unwahrscheinlich anstrengend, denn wir fuhren über zehn Stunden mit Dreigangrädern, um die hundertachtzig Kilometer hinter uns zu bringen.

Als wir den größten Teil der Strecke bereits geschafft hatten, ging es noch einmal steil bergauf, und wir mussten einen Pass überqueren, den Col des Mosses. Zwar waren wir fast am Ziel, aber die gefahrenen Kilometer steckten uns in den Knochen. Da wurde Urs laut und wütend.

»Scheiße! Ich kann nicht mehr.«

»Komm, halt durch. Wir haben es gleich geschafft.«

»Ihr könnt mich mal. Ich kehre jetzt um.«

Wir sahen, wie er kämpfte, und versuchten, ihn zu ermutigen. Dann bemerkten wir, warum er sich schwerer tat als wir: Sein Dynamo war ans Rad geklappt. Es war zwar hell, aber Urs fuhr mit Licht, und das Mitlaufen des Dynamos kostete ihn beim Fahren bergauf zusätzliche Kraft.

»Urs, klapp deinen Dynamo weg, dann geht's leichter.«

»Lasst mir meine Ruhe«, regte er sich auf und kämpfte weiter.

Er gab nicht auf, aber er ließ sich auch durch nichts dazu bewegen, einmal kurz anzuhalten und den kräftezehrenden Dynamo wegzuklappen. Als wir schließlich auf 1445 Metern ankamen, kollabierte er fast. Er fiel mehr vom Rad, als dass er abstieg. Wir tranken kurz etwas, danach fuhren wir die letzten Kilometer bergab. Urs konnte die wunderbare Landschaft und bald darauf den einmaligen Blick übers Rhône-Tal und den Genfer See nicht genießen, so fertig war er. Aber er hatte auch nicht mitbekommen, dass wir seinen Dynamo weggeklappt hatten und er jetzt leichter fuhr.

Das Highlight unserer Ferientouren war sicherlich die nach Cinque Terre. Der Urlaub dort führte mich zum ersten Mal ins Ausland und ans Meer – und ich genoss die italienische Riviera. Jeden einzelnen Tag schwamm und schnorchelte ich. Es war so heiß, dass ich nachts keine Decke brauchte, ein einfaches Leintuch reichte völlig. Am liebsten wäre ich dortgeblieben.

Wir schwammen in diesem Urlaub aber nicht nur, sondern machten auch ein paar Ausflüge – zum Beispiel nach Pisa, wo wir mit Erstaunen feststellten, dass der berühmte schiefe Turm tatsächlich so schief war, wie er überall dargestellt wurde.

Auch der Weg dorthin war sehenswert, denn wir fuhren mit dem Zug: Ich hatte nie gedacht, dass Bahnhöfe und Züge so dreckig sein konnten. Es störte mich nicht – es war mir einfach neu.

Hanspeter Zihlmann hatte früher einmal eine Ausbildung als Koch gemacht. So war es kein Wunder, dass er in unserer Herberge die Töpfe schwang und uns eine Köstlichkeit nach der anderen servierte. Als weitere Begleiterin für unsere Truppe war eine junge Frau dabei, die gerade ihr Praktikum im Heim machte. Sie war bildhübsch – und jeder von uns Jungen hatte sich in sie verguckt. Irgendwann während dieser Ferien wurde mir klar, dass unser hochgeschätzter Erzieher noch Single war, und ich begann, bei unserer Praktikantin Werbung für ihn zu machen. Immer wieder stellte ich seine Vorzüge heraus: ein toller Kumpel, kann sensationell kochen, liebt Kinder ... Natürlich sagte sie nicht direkt: »Gute Idee«, aber anscheinend dachte sie darüber nach, denn irgendwann sahen wir die beiden immer länger miteinander reden, und schließlich gingen sie sogar Hand in Hand. Inzwischen sind sie seit vielen Jahren verheiratet.

Ich glaube zwar nicht, dass meine Kommentare dazu nötig waren, aber ein bisschen stolz bin ich schon darauf.

Auch ich lernte ein Mädchen kennen. Wenn wir abends als Gruppe in die Gelateria im Ort einfielen, saß Maria häufig mit ihren Freundinnen dort. Das Verständigen war wegen der Sprachbarriere nicht ganz einfach, denn ich konnte kein Wort Italienisch, und sie sprach kein Deutsch. Trotzdem hingen wir Abend für Abend zusammen ab. Jugend verbindet und ich war richtig verknallt in sie.

Unser Lieblingsplatz zusammen mit den anderen aus der Gruppe war ein Felsplateau, das etwa haushoch über dem Meer lag. Es war ein toller Platz zum Sitzen und Sichsonnen. Ab und zu, wenn ich Maria imponieren wollte, überwand ich mich und machte einen Kopfsprung von dort oben ins Meer. Ihre bewundernden

Blicke taten meinem Ego gut. Näher kamen wir uns allerdings nicht, denn schon bald mussten wir uns wieder auf den Heimweg machen – die Ferien waren vorbei.

BOMBERJACKE
UND EDEL-JEANS

»Schön, dass du da bist!«

Als sich die Wohnungstür öffnete, wurde ich von einem strahlenden Lächeln begrüßt. Leider nicht von meinem Vater. Wie so oft war ich an einem der wenigen Wochenenden, an denen ich das Heim verlassen durfte, nicht daheim, sondern bei Wittwers, den freundlichen Nachbarn.

Zu Beginn meiner Zeit in Schachen war Vater noch mein großes Vorbild gewesen: Er war herrisch und laut – so war ich auch. Doch nach einer Weile erlosch die Beziehung zu ihm immer mehr. Ich verstand nicht, warum er meinen Bruder und mich nicht bei sich haben wollte. Nicht einmal für die Wochenenden war ich willkommen.

Tatsächlich war ich im Heim zu Hause. Das bedeutete zwar nicht, dass dort alles in Ordnung war, aber ich konnte mir kein anderes Leben vorstellen. Das Heim wurde meine Insel. Hier war ich manchmal allein. Abgeschnitten. Aber ich fühlte mich sicher. In gewisser Weise war ich hier glücklich.

Eines Tages sagte mir jemand: »Du wohnst in Schachen? Was für ein Zufall. Amara wohnt nur zwei Dörfer weiter.«

Amara. Meine Schwester.

Seit wir vor Jahren auseinandergerissen worden waren und sie in der Züricher Drogenszene verschwunden war, hatte ich nichts mehr von ihr gehört. Ich überlegte krampfhaft, wie sie damals ausgesehen hatte. Wie sie wohl heute aussah. Ich hatte gehört, dass sie verheiratet war.

Ich überlegte, mich aufs Fahrrad zu setzen und zu ihr zu fahren. In gut zwanzig Minuten wäre ich dort. Und dann?

Was wäre, wenn sie mir die Tür vor der Nase zuschlug? Wenn sie nichts mit mir zu tun haben wollte?

Ich überlegte hin und her, und im Endeffekt fuhr ich an diesem Tag nicht zu ihr – und auch an keinem anderen Tag.

Die Angst vor der Ablehnung hielt mich davon ab, zu ihr zu fahren. Ich weiß nicht, ob ich damals anders entschieden hätte, wenn ich gewusst hätte, dass unsere nächste »Begegnung« viele Jahre später ihre Beerdigung sein würde. Erst dort lernte ich ihren Mann kennen und erfuhr, dass sie drei Kinder hatte, die inzwischen erwachsen sind.

In Schachen gingen die Auszeiten und Ausflüge, die mein Heimdasein so stark prägten, auch im Schulalltag weiter. Manche waren nicht ungefährlich, aber ich genoss sie. Einmal bot das Heim verschiedene Workshops an. Ich meldete mich zum Klettern. Der Kursleiter brachte uns Knoten bei, er zeigte uns den Umgang mit Seil, Karabinern und Klettergurt. Trotz seines Alters – er war sicher über fünfzig – sprang er auf den Felsen des Graustein-Klettergartens im Rätikon herum wie eine Gämse. Einer nach dem anderen stiegen wir über eine senkrechte Felswand hoch – Schwierigkeitsgrad 5+. Das war noch nicht extrem, aber schon schwierig. Man brauchte eine gute Kondition und einiges an Erfahrung.

Als Patrick dran war, sicherte ich ihn von unten mit dem Seil. Er kletterte hoch und passierte den ersten, den zweiten und schließlich auch den fünften Felshaken. Kurz bevor er die Felskante erreichte, kam er jedoch ins Rutschen und verlor den Halt. Er stürzte. Plötzlich hatte ich sein ganzes Gewicht am Seil. Ich hielt es krampfhaft fest und schaute gebannt nach oben. Patrick fiel bis zum obersten Felshaken, doch der hielt nicht, und er riss ihn im Sturz aus der Felswand. Das Seil in meinen Händen wurde wieder lockerer. Ich wollte Patrick halten und konnte doch nichts anderes tun, als mich ins Seil zu krallen, bis meine Knöchel weiß hervortraten.

Den folgenden Haken riss es auch aus der Wand und die nächsten beiden ebenso. Patrick schlug immer wieder gegen die Felswand und flog beinahe senkrecht nach unten. Dann schnitt das Seil plötzlich so stark in meine Hände, dass es wehtat. Ein Felshaken hatte gehalten. Patrick hing in der Wand.

In dem Moment sah ich unseren Kursleiter über die Felskante schauen. Er verschaffte sich kurz einen Überblick, und danach sah es für mich so aus, als ob er den Felsen kopfüber herunterrennen würde, fast wie ein Steinbock in den Bergen. In null Komma nichts war er bei Patrick angekommen. Er zog ein Seil aus seinem Kletterrucksack, schnallte sich den Jungen damit auf den Rücken und kletterte die letzten Meter herunter, als ob das nichts wäre.

Unten angekommen rief er kurz: »Los, Jungs. Mir nach«, und rannte los. Der Mann legte ein solches Tempo vor, dass keiner von uns ihm folgen konnte, obwohl er Patrick auf dem Rücken trug.

Im Ort trafen wir ihn beim Arzt wieder. Er sah erleichtert aus, als er erzählte: »Es ist nichts. Patrick hat ein paar Schrammen, Quetschungen und blaue Flecken. Ansonsten ist ihm nichts passiert.«

Ich war so froh, dass ich meine verbrannten Handinnenflächen gar nicht mehr spürte.

Auch oberhalb von Schachen tollten wir in den Bergen herum. Ganz nah beim Heim floss der Rümlig in die Kleine Emme. Am Hang hatte der Fluss ein paar schöne Stufen. Dort fiel das Wasser aus zwei bis drei Metern Höhe in kleinen Wasserfällen auf die nächste Ebene herunter. Oft entstanden dadurch kleine Gruben, in denen man gut schwimmen konnte. So kletterten wir gern neben dem Rümlig hoch und sprangen von oben in diese Wasserbecken.

Wenn wir mehr Zeit hatten, nahmen wir den Postbus nach Schwarzenberg hinauf. Ganz oben, nah bei der Quelle, setzten wir uns in den Rümlig und ließen uns nach unten treiben. Zunächst war das eine langsame und zahme Fahrt, doch bald schon gewann sie an Tempo. Canyoning gab es damals noch nicht, aber nichts anderes taten wir, wenn wir den Wildbach durch den Wald her-untertrieben, -schossen und -flogen.

Natürlich spielte nicht nur die Natur eine wichtige Rolle in meinem Alltag. Ich war ja cool oder wollte es wenigstens sein. Im Laufe der Zeit wurde es mir immer wichtiger, wie ich angezogen war. Am liebsten trug ich Marcel-Scheiner-Jeans. Diese Schweizer Hosen waren damals total angesagt. Sie hatten einen besonderen Clochard-Style und Karottenform. Dazu gehörte unbedingt eine Bomberjacke.

Längst war ich einer der Älteren im Jugendheim, deshalb muss-te ich die Wohngruppe wechseln. Der Leiter meiner neuen Gruppe war Claudio Maggi. Ich mochte ihn sofort. Er sollte mich und die anderen auf das »richtige Leben« vorbereiten.

Claudio war sehr sportlich und er war wie ich ein Bruce-Lee-Fan. So trafen wir uns immer wieder, um gemeinsam Kung-Fu zu trainieren. Als wir einmal im Garten gemeinsam Stretching-Übungen machten, schrie ich vor Schmerz, als ich versuchte, meine Beine im Männerspagat auseinanderzustellen.

»Was ist los?«, fragte Claudio.

»Das tut so weh. Diese Übung kann ich nicht machen.«

Claudio musterte mich kritisch.

»Hast du schon länger Probleme damit?«

»Ja.«

»Dann sollte mal ein Arzt danach schauen.«

Ich dachte zurück an die Skikurse, die ich in den letzten Jahren besucht hatte. Da war der Spagat auch ein Thema für mich gewesen. Für Schweizer Verhältnisse hatte ich nicht gerade früh begonnen, aber schon auf der Seebodenalp in Küssnacht war ich Ski gefahren. Im Laufe der Jahre hatte ich dazugelernt und auch von der Schule aus verschiedene Skilager besucht. Ich war einigermaßen sportlich und kam den Berg gut herunter. So beschloss ich, vom Heim aus einen Lehrgang für Skilehrer zu besuchen.

Die ersten beiden Jugend-und-Sport-Kurse bestand ich spielend – weil die Prüfer alle Augen zudrückten. Ich fuhr gut, schaffte aber weder einen Pflug noch einen Stemmbogen. Dabei muss man nämlich für einen Richtungswechsel die Beine weit auseinanderspreizen und die Skispitzen zueinandernehmen. Das konnte ich nicht, es war, als hätte ich da eine innere Sperre.

Beim dritten Kurs ließen mich die Prüfer deshalb durchfallen, denn danach hätte ich als Skilehrer unterrichten dürfen – und das ging ohne Stemmbogen nicht. Ich bekam die Füße einfach nicht weiter auseinander als siebzig Zentimeter.

Jetzt holte mich dieses Problem wieder ein. Beim nächsten Arztbesuch sprach ich das Ganze in einem Nebensatz an. Zu meiner Überraschung wurde der Arzt daraufhin ernst und meinte, dass er das gern abklären würde. Nach dem Röntgen erklärte er mir, dass mein Hüfthals zu kurz und nach hinten verdreht sei. Deshalb konnte ich meine Beine nicht weiter auseinandernehmen. Ich hatte tatsächlich eine Art natürliche Bremse.

»Auch das noch!« war mein erster Gedanke. Gab es nicht schon genug Einschränkungen in meinem Leben? Als ich näher darüber nachdachte, fand ich die Diagnose jedoch nicht mehr so schlimm. Es war zwar schade, dass ich nicht weiter ins Skifahren investieren konnte, aber abgesehen davon konnte ich gut mit dieser inneren Bremse leben.

Mein Dasein im Heim wurde mit der Zeit immer entspannter. Die Regeln hatten sich zwar nicht gelockert, aber ich wusste jetzt, wie ich sie umgehen konnte.

Zum Beispiel durften wir eigentlich keine fahrbaren Untersätze haben, doch als ich alt genug war, sparte ich wie die anderen im Heim jeden Franken zusammen und besorgte mir ein altersschwaches Moped. Hoch im Kurs waren bei uns die Piaggio Ciao oder eine Puch Maxi. Damit knatterte ich nach Luzern oder am Wochenende zu Wittwers.

Die Mopeds verstärkten unsere Sehnsucht nach Freiheit deutlich und ermöglichten sie ja auch in gewisser Weise. Schon eine ganze Weile stiegen wir mit ein paar Leuten regelmäßig nachts aus unserem Pavillon im Heim aus. Erst trafen wir uns am Rande des Heimgeländes hinter dem Sportplatz. Dort waren wir außer Sicht- und Hörweite und konnten ungestört zusammensitzen, rauchen, reden und das Leben genießen. Später liefen wir nach Schachen oder fuhren mit den Mopeds nach Malters oder Luzern.

Natürlich bekamen die Erzieher das mit. Daher gingen sie nachts in unsere Zimmer und verriegelten die Fenster, durch die wir ausgestiegen waren. Trotzdem lagen wir am nächsten Morgen wieder in unseren Betten – müde, aber mit unschuldigem Blick. Denn immer hatten wir irgendwo im Haus ein Reservefenster offen gelassen, durch das wir wieder zurückkamen.

Weil wir die Mopeds nicht mit ins Heim bringen durften, stellten wir sie am nahen Bahnhof ab. Es gab da nur ein Problem: Wenn sie dort länger parkten, fehlte schon mal ein Sattel oder ein Lenker. Wir hatten kein Geld, also taten wir dasselbe wie unsere Diebe: Wir holten uns bei anderen Mopeds das, was uns fehlte und was wir brauchten.

Einmal fuhr ich nachts mit Peter zusammen auf seinem Moped nach Luzern, um ein paar Ersatzteile zu besorgen. Er parkte seine Maschine und wir liefen mit unserem Rucksack durch die Stadt, um geeignete Mopeds zu finden.

Peter entdeckte als Erster etwas und meinte: »Schau mal, da vorn. Ich glaub, das ist eine Piaggio.«

»Du könntest recht haben.«

»Sie steht auch schön im Schatten. Lass uns mal hingehen.«

Auf dem Weg zu dem Moped fuhr ein Auto sehr langsam auf der Straße neben uns entlang.

Wir schauten hinüber. Die beiden Polizisten darin schauten zurück.

Als Jugendliche durften wir nach Mitternacht nicht mehr auf der Straße sein, deshalb bekamen wir beim Anblick des Streifenwagens den Schreck unseres Lebens. Vielleicht wären wir den beiden gar nicht aufgefallen, aber das wollte ich nicht riskieren.

»Lauf!«, schrie ich.

Wir türmten, und die Polizisten wendeten und fuhren hinter uns her.

Zu Fuß konnten wir sie gut abhängen. Wir rannten einen schmalen Radweg entlang und kürzten durch einen Garten ab. Bald waren wir wieder auf der Straße – allein. Doch gerade als wir durchatmeten und dachten, wir wären sie los, bog der Streifenwagen um die Ecke. Diesmal stiegen die beiden Polizisten aus und rannten hinter uns her. Zum Bahnhof konnten wir es nicht schaffen, aber wir waren in der Nähe der Bibliothek. Dorthin rannten wir und dann in den nächsten Park, ins »Vögeligärtli«. Wir sprinteten durch die dunkle Anlage, und als wir hinter einem dichten Gebüsch einen Kellerabgang sahen, hechteten wir hinein. Ich brauchte etwas länger, weil ich erst einmal ausrutschte, doch schließlich waren wir in Sicherheit. Wir hielten die Luft an und warteten. Niemand kam. Nach einer Viertelstunde schlichen wir wieder raus. Die Lust auf Beutezüge war uns vergangen. Wir brachen für diesmal ab und gingen zurück zu Peters Moped.

Er startete, und wir machten uns auf den Heimweg zurück nach Schachen. Der Schrecken über die Begegnung mit der Polizei steckte uns noch in den Knochen, deshalb fuhren wir sicherheitshalber ohne Licht über die Landstraße. Niemand sollte uns sehen. Da kam uns doch ein Auto entgegen. War es vielleicht ein Streifenwagen? Wir konnten gerade noch ausweichen und in einen Parkplatz einbiegen. Peter bremste, doch wegen der Dunkelheit hatte er nicht gesehen, dass der Parkplatz nur geschottert war.

Als das Auto vorbeifuhr, sah der Fahrer keine Spur von uns – wir lagen nämlich am Boden. Wir waren völlig verschrammt, aber sonst war uns nichts passiert.

Zum Glück kamen wir in dieser Nacht ohne weitere Umwege zurück ins Haus, doch als wir drinnen waren, stank es elend nach Hundescheiße. Erst konnte ich mir das gar nicht erklären, doch dann erinnerte ich mich, dass ich im dunklen Park auf der Flucht ausgerutscht war – jetzt wusste ich auch, worauf. Meine Hose hatte etwas abbekommen, daher musste ich sie noch in der Nacht so leise und so gründlich wie möglich waschen. Ich fluchte und wir mussten lachen. Schließlich gingen wir hundemüde ins Bett.

Ich fühlte mich damals so unsicher und gleichzeitig so erwachsen wie viele Teenager. Durch die Heimsituation war wahrscheinlich vieles extremer und ich wollte deutlicher als andere wissen, wer ich war und wo meine Grenzen lagen. Das galt auch für den Umgang mit Alkohol. Natürlich hatte ich schon an einem Weinglas genippt oder mal ein Bier getrunken, doch bestimmt wäre es cooler, wesentlich mehr zu trinken, dachte ich. So wie ein Mann! Also setzte ich mich in den Zug und fuhr nach Luzern. Dort ging ich ins EPA, ein Billigkaufhaus in der Nähe des Bahnhofs. Der günstigste Alkohol im Regal war Sangria in Anderthalb-Liter-Flaschen, die in einem Korb steckten. Davon hatte ich schon gehört.

»Sangria ist megalecker. Das Zeug haut wirklich rein.« – Die Worte klangen in meinem Kopf nach, als ich mir eine Flasche aus dem Regal schnappte. An der Kasse machte ich mich unauffällig etwas größer und probierte, meine Stimme tiefer klingen zu lassen. Außerdem versuchte ich, das Weinmischgetränk so lässig und selbstverständlich wie möglich zu kaufen – als würde ich das täglich tun.

Es interessierte die Verkäuferin nicht. Sie würdigte mich keines Blickes und verkaufte mir die Flasche.

Direkt neben dem Kaufhaus setzte ich mich am Parkplatz auf eine kleine Mauer und nahm einen Schluck. »Nicht schlecht!«

Der Weg zurück zum Bahnhof dauerte eine gute Viertelstunde. Währenddessen trank ich fleißig. Dann stieg ich in den Zug nach Hause. Der fuhr noch einmal zwanzig Minuten – und ich trank fröhlich weiter. Zum Glück war niemand im Zug, der mich kannte. Noch bevor die Durchsage kam, dass der Zug Schachen erreicht hatte, waren die anderthalb Liter Sangria vernichtet. Ich konnte ja schlecht mit der Flasche in der Hand im Heim ankommen.

Mir ging es bestens und ich hatte ein breites Grinsen im Gesicht. Jedenfalls so lange, bis ich versuchte aufzustehen. Irgendwie schaffte ich es, auszusteigen und zurück ins Heim zu laufen.

Als ich sturzbetrunken im Heim ankam, dachte ich: »Bloß niemandem begegnen.« So leise und unauffällig wie möglich ging ich in mein Zimmer und fiel stöhnend aufs Bett. Alles drehte sich. Ich dachte, ich würde sterben.

Zu allem Überfluss klopfte es nun an meiner Tür. »Ja?« Mit glasigen Augen versuchte ich, die Tür im Blick zu behalten.

Die Erzieher schauten herein. Offensichtlich hatten sie gesehen, wie ich heimgetorkelt war. Als sie mich so elend daliegen sahen, meinten sie allerdings nur: »Hoffentlich hast du deine Lektion gelernt.« Eine Strafe gab es nicht. Das hätte ich nicht erwartet!

Ihr Blick auf Alkohol war recht entspannt. Sie schauten schon danach, dass niemand komplett über die Stränge schlug, aber es war ihnen klar, dass wir unsere Erfahrungen sammeln mussten. Insgesamt war ich begeistert von der Freundlichkeit und Nähe, der Professionalität und dem souveränen Abstand der Erzieher.

Allerdings handelten nicht alle von ihnen so professionell mit ihren Schutzbefohlenen. Einer von ihnen wurde sogar handgreiflich. Besonders auf einen von uns hatte er es abgesehen. Der Erzieher konnte »Minu«, wie wir ihn nannten, offensichtlich nicht ausstehen. Wann immer sich die Gelegenheit ergab, schlug er ihn. Einmal bekam ich mit, wie der Erzieher Minu erst schlug und dann an den Haaren in der Umkleide unseres Hallenbades hinter sich herschleifte. Auch andere wussten davon – von Lehrern bis hin zum Schulleiter –, aber niemand unternahm etwas. Irgendwann drehte Minu durch und schlug zurück. Er prügelte den Erzieher windelweich. Daraufhin landete Minu in einer geschlossenen Anstalt für schwer erziehbare Jugendliche. Dem Erzieher geschah nichts.

Viele Heimkinder hatten extreme Schulprobleme – deshalb waren sie auf dem Gelände in Schachen in der Schule. Ich war nur im Heim, weil mein Vater mich nicht bei sich haben konnte und wollte. Dadurch, dass ich eine reguläre Schule besuchte, erlebte ich wesentlich mehr Normalität als die meisten um mich herum.

Mein Start in der Schule in Malters war nicht gut gewesen – und das lag nicht nur an der Geschichte mit Elvis. Viele hatten zunächst Angst vor mir, weil ich ein Heimkind war, doch das gab sich zum Glück im Laufe der Zeit. So fand ich Freunde an der Schule, mit denen ich regelmäßig unterwegs war. Und ich verliebte mich in Isabell. Sie wurde meine erste Freundin. Gut zweieinhalb Jahre waren wir zusammen.

Isabell war eine Pferdenärrin und auch ansonsten ziemlich sportlich, doch besonders begeisterte mich an ihr, dass sie absolut verlässlich war. Ja, sie war hübsch, aber vor allem konnte man mit ihr Pferde stehlen. Außerdem hatte ich es bis dahin nur selten erlebt, dass sich jemand für mich interessierte und mir echte Aufmerksamkeit schenkte, der das nicht aus beruflichen Gründen tun musste.

»Was hast du gestern so gemacht, Meck?«, fragte sie.

»Was meinst du dazu?«, erkundigte sie sich.

»Erzähl mal: Wie geht es dir?«

Solche Fragen waren mir neu. Ich musste erst lernen, damit umzugehen, aber ich genoss sie.

Isabells Familie nahm mich sehr freundlich auf und ich aß regelmäßig bei ihnen. Nie ließen sie mich spüren, dass ich ein Heimkind war – das war ungewöhnlich. Für die meisten Leute waren wir wie ein rotes Tuch.

Im Gegensatz zu meinen anderen Freunden von außerhalb besuchte Isabell mich auch im Heim. Die meisten in meiner Wohngruppe teilten sich ein Zimmer, aber gerade während dieser Zeit bekam ich ein Einzelzimmer. Ich war schon immer ordentlich gewesen, niemand musste mir sagen, dass ich aufräumen sollte, deshalb erhielt ich einige Privilegien. Das Einzelzimmer war wie eine Beförderung.

Wenn Isabell mich im Heim besuchte, genoss ich es besonders, dass ich einfach die Tür hinter uns schließen konnte. Als ich einmal aus dem Zimmer kam und uns etwas zu trinken holen wollte, wartete Marco am Fuß der Treppe auf mich. »Wenn du fertig bist, kann ich ja mal zu ihr reingehen«, meinte er anzüglich. Ich war so sauer, dass ich die Treppe mehr herunterflog als -lief und ihm eine Ohrfeige verpasste. Von da an hatte ich seinen Respekt – so etwas sagte er nie wieder.

Die Erzieher und Lehrer arbeiteten hart daran, dass wir lernten, unsere Streitigkeiten nicht handgreiflich auszutragen, doch das fiel nicht nur mir schwer.

Ein großes Problem im Heim war, dass die Lehrer, Erzieher und Sozialarbeiter in Schachen nur so lange für uns zuständig waren, bis wir die Schule abgeschlossen hatten. Danach waren wir »draußen«. Wir mussten das Heim verlassen, entweder zurück nach Hause gehen, in die Außenwohngruppe wechseln oder uns selbst etwas suchen. Sehr viele Kinder und Jugendliche hatten hier angefangen, ihr Leben in den Griff zu bekommen. Sie standen, aber auf wackeligen Füßen, und die relativ kurze stabile Phase im Heim konnte die vorherigen Probleme nicht lösen. Deshalb rutschten danach etliche ab.

Marco war einer von ihnen. Er lebte nach seiner Zeit im Heim lange auf der Straße. Wenn es dann im Winter ungemütlich wurde, knackte er einen Kiosk und legte es darauf an, dabei erwischt zu werden, um die kalte Jahreszeit im warmen Gefängnis zu verbringen. Dort traf ihn später einmal Hanspeter Zihlmann, der nach seiner Zeit in Schachen eine Weile Gefängnisdirektor war. Inzwischen ist Marco schon viele Jahre tot – er starb an einer Überdosis Heroin.

All das erfuhr ich erst später, aber schon damals war mir klar, dass ich nicht besser war als Marco. Seine Geschichte zeigt mir, wie deutlich Gott seine Hand über mich gehalten hat.

ALLEIN UNTER FRAUEN

»Und wie war's heute? Was hast du gemacht?«

Claudio, mein Erzieher in der Gruppe, erkundigte sich regelmäßig, wie es in meinem Berufspraktikum lief.

»Na ja, Bierflaschenweitwurf und Speiseimerschleppen.«

»Hä?«

»Die meiste Zeit habe ich den Maurern ihren Speis übers Gerüst hochgetragen – Eimer für Eimer. Und dazwischen kam immer mal wieder der Ruf, dass einer von ihnen auf dem Trockenen sitzt. Dann bin ich zum Bauwagen gegangen, hab eine Flasche Bier aus dem Kasten genommen und sie in den zweiten Stock hochgeworfen.«

»Na, das hört sich ja nicht so prickelnd an.«

»Stimmt. Ich hab nichts gegen das schwere Tragen oder das Draußensein, aber die nächsten vierzig Jahre als Maurer auf dem Bau zu arbeiten kann ich mir nicht vorstellen.«

Ich war 16 Jahre alt, und es wurde Zeit für mich, einen Ausbildungsplatz zu finden. Dabei war ich nicht auf mich allein gestellt, denn im letzten Schuljahr lag der Schwerpunkt darauf, uns ins Arbeitsleben zu vermitteln.

Bei einigen in meiner Klasse war das Ziel schon klar: Remos Vater hatte eine Schreinerei, die sollte er später einmal übernehmen – und er wollte es auch. Sandra hatte zwar keine Lust, im Laden ihrer Eltern als Verkäuferin zu arbeiten, aber sie hatte keine Alternative. »Mach erst einmal die Ausbildung bei uns«, hatte ihre Mutter gesagt, »dann sehen wir weiter.«

Ein paar von uns wussten also bereits, wo die Reise hinging, aber die meisten hatten keinen Schimmer – so wie ich. So stark ich nach außen auftrat, innerlich war ich immer noch unsicher. Was konnte ich eigentlich?

Daher absolvierte ich diverse Schnupperlehren und schaute für jeweils eine Woche in einen Betrieb hinein. Meine Hoffnung und natürlich auch die der Lehrer war, dass irgendwo der Funke überspringen und sich vielleicht sogar direkt ein Lehrbetrieb herauskristallisieren würde.

Zunächst einmal machte ich eine Schnupperlehre auf dem Bau, doch die Arbeit als Maurer passte überhaupt nicht zu mir, auch wenn ich kräftig genug war. Danach ging ich für eine Weile in eine Autowerkstatt. Ich mochte Autos und kannte mich einigermaßen mit ihnen aus, doch ich hätte mir nicht vorstellen können, bis zur Rente auf einem Rollbrett unter Motoren zu arbeiten.

Fast schon lustig war mein Praktikum beim Friseur. Mein Klassenlehrer hatte mich dazu überredet: »Du kannst es dir zwar nicht vorstellen – und ich eigentlich auch nicht –, aber wir sollten es wenigstens einmal versuchen.«

Und so ging ich zum Friseurstudio, schaute den Friseurinnen bei der Arbeit zu, kehrte Haare zusammen und wurde ins Hinterzimmer an einen Versuchskopf gesetzt. Die Chefin hatte mir gezeigt, wie eine Dauerwelle vorbereitet wurde. Nun legte ich Dauerwellenpapier unter die Haare auf dem Kunstkopf, wickelte sie auf Lockenwickler und steckte sie anschließend mit Stäbchen fest. Vier Stunden saß ich an dieser Arbeit, und ich hätte nicht so herumlaufen wollen, wie der Kopf im Endeffekt aussah.

Einmal sollte ich meiner Chefin die Haare waschen. Sie hatte mir gezeigt, wie alles geht, und es hätte auch fast funktioniert. Doch kurz vor Schluss vergaß ich, meine Hand schützend vor ihr Gesicht zu halten, als ich noch einmal mit warmem Wasser nachspülte – und begoss sie ordentlich.

Ich weiß nicht mehr, ob mein Praktikum sowieso gerade beendet war oder ob dieses Ereignis das Fass zum Überlaufen brachte. Die Friseurin meinte jedoch danach: »Wahrscheinlich wäre eine andere Ausbildung für dich geschickter.« Das dachte ich auch.

Meine nächste Schnupperlehre führte mich zu einem Goldschmied. Der Meister kam mir etwas verschroben vor und maß höchstens einen Meter fünfzig, aber er verstand sein Handwerk. Direkt zu Beginn drückte er mir eine handtellergroße Messingplatte in die Hand, vielleicht einen halben Zentimeter dick. »Du bekommst für deine Woche bei mir nur einen Auftrag: Fertige daraus ein Schmuckstück für deinen Hals.«

Ich grübelte eine Weile darüber nach, skizzierte ein paar Entwürfe und hatte eine Idee. Wenn ich einen Kreis als Grundlage nahm und dort hinein von oben und unten Kreise zeichnete, sah es aus wie ein großes M und ein großes W – meine Initialen. Der Gedanke gefiel mir. So zeichnete ich meinen Entwurf auf die Messingplatte, bekam eine Säge in die Hand und hatte nun die Aufgabe, das Ganze sehr sorgfältig auszusägen. Das Endergebnis feilte ich noch nach, schliff und polierte es. Ich fand, der Anhänger konnte sich sehen lassen, und trug ihn in den nächsten Jahren stolz an einem Lederband um den Hals, bis er irgendwann zerbrach. Das Motiv begleitet mich trotzdem noch: Ich ließ es mir später an den Knöchel tätowieren.

Der Goldschmied war jedoch skeptisch: »Ganz ehrlich, Herr Walther, für einen Goldschmied reicht Ihre künstlerische Begabung leider nicht aus.« Ich gab ihm recht. In Technischem Zeichnen hatte ich in der Schule immer eine Sechs – in der Schweiz die Bestnote. Dabei kam es auf Genauigkeit an, das war meine Welt. Doch als Goldschmied wäre es um künstlerische Kreativität gegangen und davon hatte ich nicht allzu viel.

Das nächste Praktikum war dagegen ein Volltreffer. Ich sollte in den Sportartikelverkauf hineinschnuppern, und das machte mir große Freude. Dabei war ich mit Menschen zusammen, mein Wissen war gefragt, ich sollte reden und argumentieren – Verkaufen war genau mein Ding. Zum Glück sahen die Inhaber das ebenso. Ich schaute in verschiedene Sportgeschäfte hinein und erkundigte mich danach, welche Betriebe in der näheren Umgebung ausbildeten. Meine erste Wahl war eine Skifabrik mit angeschlossenem Geschäft. Dort gefiel es mir sehr gut – und es war nah genug, dass ich erst einmal in Schachen wohnen bleiben könnte.

Für das laufende Jahr war es leider bereits zu spät, und weil der Ausbildungsbetrieb beliebt war, waren die Ausbildungsplätze fürs folgende Jahr ebenfalls bereits vergeben. Im Antwortschreiben hieß es: »Gerne können Sie sich jedoch zeitnah für eine Ausbildung in zwei Jahren bewerben ...«

So ein Ärger! Jetzt hatte ich etwas gefunden, das zu mir passte, und ich kam nicht in die Ausbildung hinein. Doch abends in der Wohngruppe meinte Claudio: »Schauen wir mal. Du hast Glück. Ich kenne den Verkaufsleiter dieser Firma gut.«

Er rief ihn direkt an. Im laufenden Jahr war tatsächlich nichts mehr möglich, aber – Claudio zwinkerte mir zu – nächsten Sommer könnte ich einen Ausbildungsplatz bekommen.

Ich musste also ein Jahr überbrücken, das war für mich okay. Dazu sollte ich nach meinem Abschluss die zehnte Klasse einer berufsvorbereitenden Schule besuchen. Diese hatte einen kaufmännischen, einen handwerklichen und einen sozial-medizinischen Zweig. Eigentlich waren auch hier sämtliche Bewerbungsfristen abgelaufen, und die ersten beiden Bereiche waren bereits voll besetzt. So blieb mir nur die Möglichkeit, den sozial-medizinischen Zweig zu besuchen. Dort bekam ich den letzten freien Platz in der Klasse.

Ich staunte nicht schlecht, als ich am ersten Schultag feststellte, dass ich in meiner Klasse unter neunzehn jungen Frauen der einzige Mann war. Natürlich sorgte das immer mal wieder für Spannungen, aber eigentlich erlebten wir in unserer Klasse ein gutes Miteinander. Vor allem, nachdem die Freundschaftsfrage geklärt war. Mit Isabell war ich nicht mehr zusammen, ich war somit »frei«, und zu Beginn rechnete ich schon damit, dass unter so vielen Mädchen eine Freundin für mich dabei sein würde. Eine gefiel mir ausnehmend gut. Ich war richtiggehend verliebt in sie und zeigte ihr das auch. Das Problem war bloß: Sie wollte nichts von mir. Doch im Laufe der Zeit fand ich zu einem entspannten und freundlichen Umgang mit ihr – und auch mit den anderen Mädchen in meiner Klasse. Wahrscheinlich hätten Liebe und Eifersucht für ein sehr stressiges Schuljahr gesorgt, aber so hatten wir eine gute Zeit miteinander.

Nur der Sportunterricht war herausfordernd. Unser Sportlehrer hatte bereits eine Karriere als aktiver Fußballer hinter sich, so war es für ihn klar, dass wir hauptsächlich Fußball spielten. Die Mädchen waren nicht unbedingt begeistert, aber was blieb ihnen anderes übrig? Dazu kam ein bauliches Problem: Weil die Turnhalle gerade renoviert wurde, gab es nur eine einzige Gemeinschaftsdusche. So diskutierten und stritten wir immer wieder, wer hier Vorfahrt hätte. Zunächst einmal stimmten wir ab, wer zuerst duschen durfte. Diese Abstimmung verlor ich natürlich mit neunzehn Gegenstimmen. Doch im Laufe der Wochen setzte ich mich durch.

»Spinnt ihr?«, fragte ich meine Klasse. »Ich muss jedes Mal über eine halbe Stunde warten, bis ihr geduscht und geföhnt seid.«

»Was schlägst du denn vor?«

»Also entweder duschen wir alle gemeinsam oder ich bekomme ein paar Minuten und dusche zuerst.«

Ich durfte zuerst duschen.

Eine andere Abstimmung verlor ich aber, denn die jungen Frauen wollten nicht Woche für Woche Fußball spielen. Der Sportlehrer zeigte sich kompromissbereit und fragte nach: »Was wollt ihr denn stattdessen im Sportunterricht machen?«

»Jazz Dance!«

»Wie soll das denn aussehen?«

»Wir suchen uns ein Musikstück aus und üben dazu eine Choreografie ein.«

Kurz hatte ich noch die Hoffnung, dass der Lehrer ablehnen würde, aber er stimmte zu. Ihm war es einfach wichtig, dass Sport getrieben wurde, ob mit dem Ball oder mit Gymnastikschuhen. Und so fand ich mich in den nächsten beiden Monaten jeweils nicht auf dem Fußballplatz, sondern in der Halle wieder. Dort übte ich mit den anderen zusammen die richtigen Steps und Moves für unsere Aufführung ein. »Like a Virgin« von Madonna war unser Song.

Ich litt. Tanzen hatte mir noch nie Spaß gemacht. Doch da musste ich durch. Ich verkrampfe mich heute noch leicht, wenn das Stück im Radio gespielt wird.

Das Ganze sollte natürlich benotet werden. Dazu führten wir unser Stück als Gruppe gemeinsam auf. Anschließend musste jede Einzelne und auch ich den eigenen Part solo vortanzen. Es war mir unendlich peinlich, dass neunzehn Frauen und mein Lehrer meinem Gehüpfe zuschauten. Von diesem Ausflug in die Tanzwelt existiert sogar noch eine Videoaufnahme. Ich halte sie sicherheitshalber unter Verschluss, aber zum Glück hat heute fast niemand mehr einen Videorekorder daheim.

Eine positive Überraschung während dieses zehnten Schuljahres war meine Leistung. Nicht nur die Lehrer staunten, dass ich nicht schlechter war als die anderen, auch ich selbst wunderte mich, dass ich mit den Sekundarschülerinnen in unserer Klasse mithalten konnte. Am Ende hatte ich einen Notendurchschnitt von 4,7 (nach dem deutschen System 2,3). Ich hatte gelernt, dass ich etwas hinbekomme, wenn ich Zeit und Energie investiere, und unsere Lehrer halfen mit der richtigen Mischung aus Motivation und Druck nach. Als ich merkte, wie leicht mir das Lernen fiel, dachte ich zurück an Walter Meier, der schon früher an mein Potenzial geglaubt hatte. Er hatte den Grundstein für diese Erfahrung gelegt. Sicher hätte ich die Zulassung zur Sekundarschule schaffen können, doch damals konnte und wollte ich das noch nicht.

Mein Schulwechsel brachte weitere Veränderungen mit sich: Ich musste das Heim in Schachen verlassen, denn Kinder und

Jugendliche durften dort nur während der Regelschulzeit bleiben. Mein angehängtes zehntes Schuljahr sprengte diesen Rahmen.

Doch wohin sollte ich gehen? Zu meinem Vater konnte ich nicht. Bei Wittwers war ich zwar an den Wochenenden und während der Ferien herzlich willkommen. Ihre Tür stand mir immer offen. Aber dauerhaft bei ihnen zu wohnen, war nicht möglich.

Daher kam ich in eine Außenwohngruppe des Heims im wunderschönen Luzerner Maihofquartier, einer der besten Wohnlagen in der Stadt. Direkt daneben lag der Rotsee, alltags ein Idyll zum Spazierengehen und Joggen und einige Male im Jahr eine international gefragte Regattastrecke. Zwischen dem Park am Seehüsli und dem Wäsmeliwald wohnten diejenigen, die sich solch eine bevorzugte Wohngegend leisten konnten. Und ich.

Das Jugendheim hatte in einem Haus in der Altstadt zwei Etagen angemietet. Dort gab es neben einem Büro und einem Raum für die Sozialarbeiter unsere Zimmer, eine Küche, ein Wohnzimmer und auf jedem Stockwerk WCs und Duschen.

Als ich in die Außenwohngruppe gebracht wurde, stellte man mir den Erzieher vor, der von nun an als persönlicher Betreuer für mich zuständig sein sollte. Ich hatte Claudio vor Augen, mit dem ich durch dick und dünn gegangen war, der mir ein echtes Gegenüber war, den ich mochte. Und der Mann hier sollte Claudio ersetzen? Ich gab dem neuen Erzieher die Hand und begrüßte ihn. Ich konnte nichts mit ihm anfangen. Er war mir einfach unsympathisch.

Zu Beginn gab er sich noch Mühe, einen Zugang zu mir zu bekommen, doch ich wurde mit ihm nicht warm. Wenn ich Probleme hatte, wandte ich mich damit weiterhin an Claudio. Der war allerdings im Jugendheim in Schachen und nicht in der Außenwohngruppe. Also telefonierte ich mit Claudio, und der telefonierte anschließend mit den Zuständigen in der Außenwohngruppe. Mein verantwortlicher Sozialarbeiter konnte damit nicht gut umgehen. Als er einmal einen solchen Anruf von Claudio erhielt, kam er zu mir und beschwerte sich.

»Ich habe eben einen Anruf aus Schachen bekommen.«

»Ach ja?«

»Von Claudio.«

»Dann hat er sich bestimmt wegen meiner Frage gemeldet.«

»Dafür ist er nicht mehr zuständig.«

»Aber er ist mein Freund.«

»Ich bin dein Erzieher. Du musst zu mir kommen und mit mir reden.«

Damit stieß er bei mir allerdings auf Granit.

»Ich muss gar nichts. Wenn ich möchte, komme ich zu dir. Aber ich möchte nicht.«

Kein Wunder, dass meine Zeit in dem Haus immer stressiger wurde. Dazu kam, dass es in der Außenwohngruppe nicht nur weniger Kontakt zu den Erziehern gab, sondern auch strengere Regeln. Ich fühlte mich in meine Kindheit zurückversetzt.

»Hast du deine Hausaufgaben gemacht?« Darum hatte ich mich schon immer allein gekümmert.

»Hast du deine Zähne geputzt?« Ich fragte zurück: »Gibt es da neue wissenschaftliche Erkenntnisse? Nach den alten kann ich das schon seit Jahren.«

Plötzlich musste ich wieder um neun Uhr zu Hause sein, und im dritten Stock war das Aussteigen aus dem Fenster nicht so einfach möglich wie in Schachen. Wir unternahmen auch fast nichts gemeinsam. In der Praxis wurden wir eher »aufbewahrt« als begleitet.

In der Wohngruppe lebten junge Leute von sechzehn bis zweiundzwanzig. Wir waren in verschiedenen Lebenssituationen, irgendwo zwischen Schule, Praktika und Ausbildung. Die meisten fuhren Bus, einige hatten ein Moped, einer sogar ein Auto. Wir waren mehr oder weniger erwachsen und völlig unterschiedlich, aber hier wurden wir alle über einen Kamm geschoren und sollten funktionieren – und das funktionierte nicht.

Typisch für das Gängeln durch die Leiter war für mich die folgende Kleinigkeit. Wer von uns eine Zeitung kaufte und sie ausgelesen hatte, legte sie meist ins Wohnzimmer. Dort konnten sie alle lesen, wenn sie es wollten. Ich kaufte damals oft den »Blick« – so etwas wie die Schweizer Bildzeitung. Wie alle anderen legte ich das ausgelesene Blatt ins Wohnzimmer. Ein Erzieher fand das unter seinem Niveau und warf sie jedes Mal fort.

Ich beschwerte mich: »Das kannst du doch nicht machen. Ich hab sie bezahlt.«

»Doch, das kann ich. Die Zeitung ist Scheiße.«

So einen Umgang war ich nicht gewohnt. Die Erzieher, die ich bisher kennengelernt hatte, waren nicht nur entspannter, sie waren auch professioneller in ihrem Umgang mit uns.

Ein Freund von mir aus dem Heim kam ebenfalls in die Außenwohngruppe. Matthias war ein begeisterter Kung-Fu-Kämpfer. Man sah es an seinem Zimmer, das mit Postern von Bruce Lee und anderen Größen der Szene zugepflastert war. Aber er war überhaupt nicht aggressiv. Trotzdem hatte einer der Erzieher ihn auf dem Kieker. Immer wieder ärgerte oder provozierte er Matthias – ohne erkennbaren Grund. Als der Erzieher einmal mit einer Tüte Milch in der Hand aus der Küche kam und ihm beiläufig eine dumme Bemerkung an den Kopf warf, riss Matthias der Geduldsfaden. Mit einem stilechten »Kiai«-Schrei brachte sich Matthias in Position, hob sein rechtes Bein und schoss dem Erzieher mit einem gezielten Tritt die Milchtüte aus der Hand.

Passiert war sonst nichts. Matthias musste die Wohngruppe trotzdem verlassen. Der Erzieher blieb.

Vor Kurzem habe ich Matthias wiedergetroffen. Er hat Karriere in einem großen Unternehmen gemacht. Zu der Geschichte damals meinte er: »Der abrupte Ausstieg aus der Wohngruppe hat mir geholfen, eine eigene Wohnung zu finden und komplett selbstständig zu werden.« Andere hatten in ähnlichen Situationen leider weniger Glück.

Während meiner Zeit in der Außenwohngruppe wollte ich so unabhängig wie möglich sein. Dazu gehörte auch, Geld zu verdienen, um mir manchmal etwas leisten zu können. Also suchte ich mir einen Schülerjob, relativ nah beim Maihofquartier. Ich fand ein Medienunternehmen im benachbarten Adligenswil. Dort wurden Zeitungen und Zeitschriften produziert – unter anderem der »Blick«. Hier bekam ich einen Job. Meine Aufgabe war es, die Ausgaben einer französischsprachigen Zeitung nach dem Druck nach Postleitzahlen sortiert in Säcke zu werfen. Diese wurden dann zur Post gebracht und in die jeweiligen Gebiete versandt. Mit dieser Arbeit sollte ich fast 500 Franken im Monat verdienen – das war viel Geld für mich. Es war zwar ein Knochenjob, aber das fand ich okay.

Als meine Erzieher in der Außenwohngruppe mitbekamen, dass ich diesen Job angenommen hatte, zitierten sie mich ins Büro.

»Du hast uns nicht gefragt. Deshalb wirst du deine Arbeit da beenden. Sofort.«

Ich hatte keine Wahl, ging zu der Firma und kündigte. Danach beschritt ich den Dienstweg. Offiziell fragte ich meine Erzieher, ob ich einen Schülerjob annehmen dürfte, und bekam ihre Genehmigung. Am nächsten Tag war ich wieder im Medienunternehmen. Der Personaler staunte nicht schlecht, als ich schon wieder vor ihm saß.

»Haben wir etwas vergessen? Ist etwas nicht Ordnung?«

»Doch, es ist alles okay. Ich wollte nur fragen, ob die Stelle noch frei ist.«

»Wir haben sie noch nicht ausgeschrieben.«

»Kann ich sie ein zweites Mal bekommen?«

Ich schämte mich in Grund und Boden, aber der Personalleiter schüttelte nur den Kopf über meine Leiter und gab mir den Job zurück.

Irgendwann regte ich mich so stark über Aktionen wie diese und den täglichen Kleinkrieg mit meinem zuständigen Erzieher auf, dass ich ein Meeting mit allen Verantwortlichen verlangte. Dazu musste nicht nur der Erzieher selbst erscheinen, sondern auch der Gesamtleiter für das Heim und die Wohngruppe. Außerdem war der Erziehungsleiter dabei, der die einzelnen Erzieher unter sich hatte. Ich glaube, es war eine Premiere, dass solch ein Treffen nicht von einem Erzieher einberufen wurde, sondern von einem Heimkind.

Ich beschwerte mich bei unserem Meeting, dass das Konzept der Außenwohngruppe nicht stimmig war. Wir wären längst alt genug und würden in alltäglichen Fragen gegängelt. Die zuständigen Erzieher wären ausgebrannt, sie säßen hauptsächlich im Büro, wären nicht für uns verfügbar und bekämen dafür noch Geld. Es gäbe keine individuellen Konzepte.

Das war ein echter Angriff. So etwas hatte es noch nicht gegeben. Auf der Verwaltungsebene regte ich sicher einige Gespräche an, doch in der Praxis änderte sich nichts.

Mein Kontakt mit Claudio wurde in dieser Zeit immer intensiver, und irgendwann nach diesem Meeting meinte er: »Weißt du was? Cathi und ich nehmen dich bei uns auf.«

Es war toll, dass er und seine Frau das privat tun wollten, für mich hörte es sich mehr als gut an, aber es bedeutete eine Menge Papierkrieg. Doch es klappte. Als ich mit meinem zehnten Schuljahr fertig war und in die Ausbildung einstieg, konnte ich die Wohngruppe verlassen. Ich weinte ihr keine Träne nach.

CLAUDIO MAGGI, Erzieher und Freund von Meck, erzählt:
Ich kam erst als Praktikant nach Scnachen und wurde dann als Erzieher eingestellt. Meck war da bereits dort. Als er alt genug war, kam er in meine Gruppe, und ich war seine Bezugsperson.
Meck verhielt sich schon speziell. Zunächst einmal war er so etwas wie der »Heimpolizist« für alle – Mitschüler und Mitarbeiter. Er sagte jedem, wenn er aus seiner Sicht etwas falsch gemacht hatte; dennoch hatte ich ihn von Anfang an gern. So entwickelte sich trotz des Altersunterschiedes eine Freundschaft zwischen uns, obwohl ich natürlich als sein Erzieher für ihn verantwortlich war. Zwischen uns stimmte einfach die Chemie, und ich fühlte, dass er ein riesiges Potenzial hatte. In der Wohngruppe war er bald der »Leader«, die anderen Jugendlichen orientierten sich an ihm, und er bestimmte, wo es langging.
Sport war uns beiden sehr wichtig. Wegen seiner Hüftprobleme spielten wir weniger Fußball, aber umso mehr Badminton miteinander. Oft verdrückten wir

uns dafür abends in die Turnhalle, ohne dass die anderen Jugendlichen wussten, wo wir waren, und kämpften uns dort nieder.

Ein besonderes Erlebnis mit Meck war ein Sommerlager unserer Wohngruppe. Wir beide waren zwei Tage vorher in der französischen Schweiz und bauten das Camp auf, doch da war nicht ein Erzieher mit einem Jugendlichen unterwegs, sondern zwei Freunde. So arbeiteten wir zusammen, aber anschließend gingen wir gemeinsam Billard spielen, aßen Filet Mignon in einem der besten Restaurants der Gegend und tranken anschließend zu viel Gin Tonic. So etwas habe ich mit keinem anderen gemacht, aber ich wusste: Mit Meck geht das. Und niemand erfuhr davon.

Als er später in der Außenwohngruppe des Heims war, stellten auch andere fest, dass Meck nicht einfach war. Er war zwar nicht kompliziert, aber er wollte alles ausdiskutieren, und das ging dort nicht. Bei meiner Frau Cathi und mir war das nicht nötig – wir kannten und vertrauten Meck, aber dies war eine neue Umgebung für ihn. Immer mal wieder meldete er sich mit seinen Fragen und Problemen bei mir statt bei den dortigen Mitarbeitern. Ich merkte, dass ihm das Umfeld zu schaffen machte, aber was konnte ich dagegen tun?

Eines Tages hatte ich den verrückten Einfall: Was wäre, wenn Meck einfach zu Cathi und mir ziehen würde? Das wäre sicher nicht immer leicht, aber immerhin waren wir inzwischen gute Freunde, und ich wollte ihn auf keinen Fall im Regen stehen lassen. Also besprach ich die Idee mit meiner Frau und fragte ihn. Wir waren jung und verrückt, aber ich glaube, ich würde wieder so handeln.

ZWISCHEN FAMILIEN-
LEBEN UND DROGEN

»Guten Morgen, Meck.«

Cathi strahlte mich an und Claudio hob die Kaffeekanne.

»Magst du auch einen?«

Ich fühlte mich wie in einem Traum. Ich lebte nicht mehr in einer Wohngruppe mit Erziehern, die zwar unbedingt für mich zuständig sein, aber sonst nichts mit mir zu tun haben wollten. Stattdessen hatte ich ein Zimmer bei Cathi und Claudio und genoss ihre Wärme im Miteinander.

Mein neuer Alltag fühlte sich extrem ungewohnt an. Ich befand mich auf absolutem Neuland. Noch nie hatte irgendjemand aus freien Stücken gesagt: »Ich will unbedingt, dass Meck bei mir wohnt.«

Bei meinem Vater hatte ich den Eindruck gehabt, dass ich dort leben musste – willkommen fühlte ich mich nicht. Bei Familie Amstutz auf dem Bauernhof war es darum gegangen, dass ich ihnen durchs Jugendamt Geld einbrachte und als billige Arbeitskraft zur Verfügung stand – willkommen fühlte ich mich auch dort nicht. Immer wieder wurde ich hin und her geschoben. Aber nun hatten Claudio, mein ehemaliger Erzieher, und seine Frau Cathi mich eingeladen, bei ihnen zu wohnen. Einfach so. Weil sie mich wollten, und nicht, weil sie es mussten.

Ich hatte zum ersten Mal seit sehr langer Zeit das Gefühl, zu Hause zu sein. Und das war wunderbar!

Claudio und Cathi hatten eine Wohnung in Malters. Sie nahmen mich auf wie einen eigenen Sohn, obwohl ich höchstens fünfzehn Jahre jünger war als sie und beinahe volljährig.

Sie arbeiteten beide im Heim in Schachen und ich hatte meine Ausbildung im Sportartikelverkauf begonnen. Trotzdem aßen wir gemeinsam, wann immer das möglich war. Wenn das Wetter es zuließ, saßen wir dazu draußen auf dem Balkon.

Claudio als Italiener war fürs Kochen zuständig, wenn es etwas mit Pasta gab, Cathi übernahm den Rest der Küchenverantwortung. Was mir in Erinnerung ist, sind aber weniger auf den Punkt gegarte Spaghetti alle vongole, sondern vielmehr, dass ich einfach ernst genommen wurde. Wir kamen nach Hause und sortierten uns für den Abend. Wir kochten und setzten uns gemeinsam an den Tisch. Und schon kam Claudios Frage an mich: »Wie war dein Tag?« Er schaute mich an, und ich wusste: Er will es wirklich wissen.

Bei Cathi und Claudio konnte ich einfach ich selbst sein, ohne dafür bestraft zu werden.

Wir saßen lange Abende zusammen und tranken Rotwein. Wir spielten Monopoly und andere Gesellschaftsspiele. Wir sahen zusammen im Fernsehen die Simpsons und die Berichte vom Golfkrieg. Wir redeten miteinander oder schwiegen einfach. Ich hatte nicht gewusst, dass das Leben so normal und so schön sein kann.

Dann wurde Cathi schwanger. Freudestrahlend erzählte sie mir: »Meck, ich bekomme ein Kind.«

»Schön«, sagte ich, doch ich dachte: »Das war's dann wohl.«

Mein Gesicht sprach wohl Bände, denn Cathi musste laut lachen und erklärte: »Du Dummer, das hat nichts mit dir zu tun. Du kannst trotzdem bei uns bleiben.«

Ich musste nicht gehen, sondern bekam stattdessen eine Schwester: Sophia. Damals hätte ich es nicht in Worte fassen können, aber in dieser Situation nicht als »zweite Wahl« aussortiert zu werden, bedeutete mir unendlich viel.

Überhaupt merke ich im Rückblick, dass ich vieles von der damaligen Normalität, von der Liebe, die mich umgab, vom Familienleben, das ich erfuhr, gar nicht aufnehmen konnte. Ich hatte so viel Destruktives erlebt, dass manches Gute nicht mehr zu mir hindurchdrang. Es war da. Ich genoss es. Aber ich konnte es kaum wahrnehmen.

Ich erinnere mich noch, wie Cathi einmal in mein Zimmer kam und bemerkte, dass ich mir gerade einen Joint drehen wollte. Sofort dachte ich: »Sie hat mich erwischt. Jetzt werde ich hinausgeworfen.« Stattdessen sagte sie jedoch: »Finde ich okay, dass du das mal probierst. Es gehört dazu. Aber übertreib's nicht.«

Weil ich jetzt wieder zurück in meiner alten Heimat war, traf ich auch ehemalige Schulfreunde. Malters war zwar keine Großstadt, aber es hatte immerhin zwei Lokale zu bieten, wo man den Abend verbringen konnte. Wir verabredeten uns meistens in der »Metzgerhalle« und spielten Billard. Bald war ich dort Stammgast. Ich war damals felsenfest davon überzeugt: So muss ein gutes Leben aussehen.

Immer wieder musste ich an die Zeit in meiner eigentlichen Familie denken. Dort hatte ich als Person keine Rolle gespielt. Niemand hatte je gefragt: »Was meinst du dazu?«

Selbst an für mich wichtigen Tagen wie meinem Geburtstag ging es nicht wirklich um mich. Ich bekam ein Geschenk. Mein Vater sagte: »Da.« Dann ging er.

Niemand hatte bisher nachgefragt, was ich mir wünschte oder wer ich sein wollte. Es schien egal zu sein, wer ich war. Bei Cathi und Claudio war das völlig anders. Wir lebten miteinander. Redeten. Fragten nach. Nahmen uns in den Arm.

Während dieser Zeit gab es große Änderungen im Heim in Schachen. Zuerst wurde Walter Meier entlassen. Lange hatte er dafür gekämpft, dass die Jugendlichen im Heim bei Volljährigkeit nicht fallen gelassen wurden. Vergeblich. Er hatte zu viele gesehen, die auf einem guten Weg waren und dann doch noch abstürzten.

Eine Weile später verließ auch Claudio die Arbeit. Er wollte sich allerdings völlig neu erfinden und zog nach Sardinien, um dort Reiturlaub für Touristen anzubieten. Cathi, Sophia und ich blieben in der Schweiz.

Das war ein gewaltiger Einschnitt, denn aus dem normalen Miteinander mit Claudio wurde eine Fernbeziehung zu ihm. Was bis dahin alltägliche Begegnung gewesen war, wurde nun auf den Urlaub reduziert. Auch vorher waren wir schon gemeinsam auf Sardinien gewesen – jetzt fuhren wir dorthin, um wieder alle zusammen zu sein.

Manchmal besuchte ich Claudio auch allein. Einmal belud ich dafür den Transporter, den ich damals besaß. Ich legte eine Matratze auf die Ladefläche, steckte einen Minikühlschrank im Zigarettenanzünder ein und schob sogar mein Motorrad hinein. So machte ich mich auf den Weg über die Alpen, durch Italien, übers Meer bis nach Sardinien. Dort parkte ich meinen Transporter neben dem ausgebauten Campingbus, in dem Claudio lebte. Er wohnte direkt bei der Pferdekoppel – also quasi bei der Arbeit.

Ich kurvte gerne über die Insel und unternahm einige schöne Touren. Ich erinnere mich gut an steile Berge, Flüsschen, durch die ich gerade noch hindurchkam, und an spektakuläre Aussichten. Wenn wir gemeinsam unterwegs waren, gingen wir zu Fuß. Manchmal fuhr ich auch mit dem Motorrad und Claudio rannte durchs Gelände und suchte den kürzeren Weg. Wir hatten viel Spaß zusammen!

Als wir einmal abends zusammen einkehrten, tranken wir einen Wein zusammen. Und weil es nicht bei einem Wein blieb, kamen wir auf die dumme Idee, ein Wetttauchen im nächtlichen Meer zu veranstalten. Ich weiß nicht mehr, wer es gewann, aber glücklicherweise schafften wir es danach beide wieder an Land.

Anschließend stieg ich noch aufs Motorrad und fuhr die letzten Meter bis nach Hause. Der Waldweg, den ich nahm, war zwar menschenleer, aber auch stockdunkel. Irgendwann bekam ich beim Fahren einen Schlag vor meinen Jethelm, der mich fast vom Sattel hob. Ich hatte im Dunkeln einen Ast übersehen und mein Helm hatte deutliche Spuren davongetragen. Hätte der Ast zehn Zentimeter tiefer gehangen, hätte er mich mitten ins Gesicht getroffen. Das war mehr als Glück – das war Bewahrung.

An einem der nächsten Tage kam Claudio morgens an den Frühstückstisch und fragte: »Hast du Soki gesehen?«

Er meinte Sokrates, seinen Hund.

»Nein. Was ist denn?«

»Er hat nichts gefressen. Sein Napf ist noch voll.«

Das war in der Tat ein Grund zur Besorgnis, denn Soki ließ sein Futter nie stehen.

Wir fanden Soki sehr ruhig neben dem Campingbus liegend. Fressen wollte er nichts und aus seinem Maul hing ein kurzes Stück Angelschnur. Ob er einen Angelhaken verschluckt hatte?

Natürlich zogen wir nicht an der Schnur, sondern brachten ihn auf dem schnellsten Weg zum nächsten Tierarzt. Dort wurde Soki operiert. Als er die Rechnung kassierte, meinte der Tierarzt: »Keine Sorge, dem geht es bald wieder gut.«

Aber irgendwie wurde es nicht besser. Der Hund hing nur apathisch herum. Claudio hatte keine Ruhe deswegen – und auch kein Vertrauen zum Tierarzt, also packten wir unsere Sachen, ich fuhr wieder zurück in die Schweiz und nahm Claudio mit.

Auf der Fähre übers Mittelmeer hatten wir keine Kabine gebucht. Es war Sommer, da konnte man gut an Deck übernachten. Soki nahm meinen Schlafsack für sich in Beschlag. So schlecht wie es ihm ging, gönnte ich ihm die bequeme Übernachtung. Sobald wir wieder in der Schweiz waren, gingen wir mit ihm zum Tierarzt. Dem blieb nichts anderes übrig, als den armen Hund noch einmal zu operieren. Über die »Kunst« seines Vorgängers konnte er nur den Kopf schütteln, aber wenigstens ging es Soki bald besser. Das war die Hauptsache.

Mit der Zeit merkten Cathi und Claudio, dass sie auf Dauer nicht mit Kind in einer Fernbeziehung leben wollten. Sie beschlossen, ein halbes Jahr mit dem Wohnmobil quer durch Südeuropa zu reisen, um wieder Zeit miteinander zu verbringen und sich zu überlegen, wie es für sie weitergehen sollte. Cathi gab ihren Job auf. Claudio arbeitete sowieso freiberuflich und war niemandem verpflichtet.

Ich steckte mitten in der Ausbildung und blieb in der Schweiz. Es war schon seltsam gewesen, als ich nur noch mit Cathi und

Sophia in der Wohnung gelebt hatte. Jetzt war es vollends verstörend für mich, abends nach der Arbeit in die große, leere Wohnung zurückzukommen. Ich wollte nicht allein leben.

Daher bat ich Cathi und Claudio um Erlaubnis und nahm bald darauf Pascal, einen alten Bekannten, bei mir in der Wohnung auf. Mit ihm kam richtig Schwung in mein Leben. Damals begann meine Techno-Zeit. Zuerst stand ich noch auf 90er-Eurodance. Ich hörte DJ BoBo, Haddaway und Dr. Alban, den singenden Zahnarzt. Doch bald reichte mir diese Mainstream-»Mucke« nicht mehr. Stattdessen hörte ich Marusha, WestBam, Marc-O, Scooter und andere.

Jeden Abend lief Techno-Musik in unserer Wohnung, und fast jedes Wochenende feierten wir zusammen in der »Metzgerhalle«, dem örtlichen Pub. Wir hörten Musik. Wir tanzten. Wir kifften.

Anschließend hatten wir uns meistens schon mit ein paar Freunden und Bekannten bei mir daheim verabredet, um dort weiterzufeiern, ich hatte ja sturmfreie Bude. Manchmal waren auch schon zwanzig bis dreißig Leute da, wenn ich heimkam, die Party machten, während ich noch im Pub war.

Für mich war es eine geile Zeit, aber das Ganze funktionierte nur, weil Cathi und Claudio unterwegs waren und weil ich für diese Zeit Claudios Hausmeisterposten übernommen hatte. So kamen eventuelle Beschwerden zunächst bei mir an – natürlich waren die meisten Nachbarn unseres Wohnblocks nicht begeistert, dass bei uns praktisch jedes Wochenende bis in die Morgenstunden Party war.

Kurz darauf gab es tatsächlich Stress mit dem Hauseigentümer, doch dabei ging es weder um Musik noch um Drogen. Das war ihm herzlich egal. Ich wurde ihm schlicht zu teuer.

Zu meinen Aufgaben als Hausmeister gehörte es, die Hecken rund ums Grundstück zu stutzen. Dafür hatte ich nur eine normale Gartenschere zur Verfügung, deshalb beschwerte ich mich: »Wir leben im zwanzigsten Jahrhundert. Für so eine Arbeit gibt es inzwischen Maschinen.«

»Für das bisschen Hecke eine elektrische Schere anzuschaffen, das lohnt sich nicht.«

»Wir reden von fünfzig Metern Hecke.«

»Ihr Kollege, der Herr Maggi, hat sich nie beschwert.«

»Ich bin nicht der Herr Maggi. Bitte schaffen Sie eine elektrische Schere an, dann mache ich die Arbeit gern weiter.«

»Es gibt jede Menge Leute, die diese Arbeit auch ohne teures Gerät erledigen.«

»Dann lassen Sie diese Leute doch die Hecke schneiden.«

Der Hausbesitzer reagierte prompt auf meinen Vorschlag. Er beschäftigte Claudio und mich nicht länger als Hausmeister, sondern fand tatsächlich jemanden, dem er seine Schere in die Hand drücken konnte.

Als ich Claudio gestand, dass ich uns beide um den Zusatzverdienst im Haus gebracht hatte, reagierte der sehr entspannt: »Alles gut! Wahrscheinlich wäre ich das nächste Mal auch mit ihm aneinandergeraten.«

Im Betrieb des Skisport-Herstellers, wo ich meine Lehre machte, wusste interessanterweise niemand etwas von meinem Hintergrund. Ich war davon ausgegangen, dass jeder alles über mich wissen und mich aufgrund meiner Vergangenheit einsortieren würde: Jenischer. Verdingbub. Heimkind. Doch Tatsache war, dass ich hier einfach Meck Walther war. Meine Probleme und meine Vergangenheit spielten keine Rolle. Damit wurde der Beginn meiner Lehre so etwas wie ein Neustart für mich, und ich freute mich, als Feedback zu hören, dass ich aufmerksam wäre, freundlich und lernbereit.

Aber das war nur eine Seite in meinem Leben. Die andere Seite war immer noch da: die Jagd nach Aufmerksamkeit, Liebe und Leben. So spielte Hasch eine immer größere Rolle für mich. Zu den Techno-Partys gehörte es für mich sowieso dazu, aber im Laufe der Zeit wurde es Teil meines Alltags. Bei der Arbeit überlegte ich im Laufe des Nachmittags, wann ich das nächste Mal in der Toilette verschwinden könnte, ohne Aufsehen zu erregen. Dort hatte ich die nötige Ruhe, um mir für den Feierabend einen Joint zu bauen. Wenn ich dann mit der Arbeit fertig war, zog ich mich zurück. Ich holte meinen Joint aus der Tasche, zündete ihn an und bald darauf verriet der blumige, süßliche und etwas nach Weihrauch riechende Qualm, dass ich keine normale Zigarette rauchte.

Dennoch erlebte ich eine super Lehrzeit und war auch ein guter Verkäufer. Ich liebte es, für die Kunden da zu sein, sie zu bedienen, ihre Wünsche zu erkennen und ihnen etwas anzubieten, das ihnen weiterhalf. Dass diese Art, Menschen zu begegnen, eine meiner Begabungen ist, wurde mir erst in der Ausbildung bewusst. Ich realisierte: Ich kann etwas. Damals ahnte ich noch nicht, wie bestimmend mein Wunsch, Menschen weiterzuhelfen, für mein Leben werden sollte.

Doch alle Auszubildenden mussten auch wöchentlich in die Skiwerkstatt. Dort sollten wir am Ski arbeiten, die Kanten und den Belag schleifen, bei Bedarf einen neuen Belag aufziehen und vieles mehr. Diese praktischen Tätigkeiten gehörten einfach dazu – meine Lieblingsaufgaben waren sie nicht, genauso wenig wie das Montieren von Bindungen. Wer dort den Bohrer falsch ansetzte, hatte ruckzuck einen teuren Ski ruiniert. Zugleich war es sehr hilfreich, dass ich lernte, wie Ski aufgebaut sind. Später im Verkauf war das ein riesiger Vorteil, denn ich konnte erklären, warum sie so und nicht anders funktionierten.

Weil ich im Verkauf wirklich gut war, stand ich immer öfter im Laden, und andere mussten an meiner Stelle in die Werkstatt. Mir gefiel es, aber es gab böses Blut unter uns Lehrlingen. Auch an anderer Stelle wurde ich bevorzugt. Durch das vorher absolvierte zehnte Schuljahr und die wiederholte vierte Klasse war ich beinahe zwei Jahre älter als die anderen Lehrlinge. Ich wurde gerade achtzehn und machte meinen Führerschein, während die meisten anderen noch auf dem Moped zur Arbeit kamen. Damit eröffneten sich mir bald neue Möglichkeiten.

Während der Skisaison fuhr ich praktisch jedes Wochenende mit einem erfahrenen Angestellten in irgendein Skigebiet und präsentierte dort von morgens bis spätabends unsere neuesten Modelle. Freitags reisten wir an, samstags fuhren wir mit dem Pistenbully und unseren Ski hoch zur Bergstation. Wenn wir früh genug oben waren, konnten wir als Allererste die Piste hinunterfahren und mit dem ersten Skilift wieder hinaufkommen, bevor die Massen kamen. Dann standen wir bis abends dort, führten unsere Ski vor, berieten, machten Werbung und gaben den Leuten Infomaterial mit.

Wochenende für Wochenende war ich in den schönsten Schweizer Skigebieten unterwegs. Tagsüber bot ich unsere Ski an, danach waren Party, Disco und Alkohol angesagt – und die Unterbringung in irgendwelchen Top-Hotels war immer spitzenmäßig. Für mich war es einfach genial, auch wenn ich dadurch in zwei Lehrjahren drei Monate an Überstunden ansammelte.

In der Schule selbst war ich mittelmäßig bis gut. Das lag daran, dass ich zwar im Unterricht selbst hundertprozentig bei der Sache war, aber praktisch nie Hausaufgaben machte oder lernte. Diese Strategie reichte mir jedoch, um die Prüfungen zu bestehen.

Typisch für meine Faulheit beim Lernen war auch mein Verhalten bei den Fremdsprachen. Französisch hatte ich schon an der Oberstufenschule in Malters mangels Erfolg beenden müssen. Aber ich brauchte eine Fremdsprache, also blieben jetzt Englisch oder Italienisch übrig, für eine dieser Sprachen musste ich mich entscheiden. Durch meine diversen Italienaufenthalte konnte ich mich einigermaßen auf Italienisch verständigen. Und für jemanden, der nicht Italienisch spricht, klingt meine Sprache ziemlich authentisch, auch wenn ich sie nicht wirklich beherrsche. Daher entschied ich mich in der Berufsschule für Italienisch.

Einige meiner Mitschüler kamen aus der italienischen Schweiz und hatten sich ebenfalls für den leichten Weg entschieden. Bei den Klassenarbeiten reichten sie mir ihre Ergebnisse weiter, ich half ihnen dafür im Rechnungswesen. So kam ich schulisch gut durch, auch ohne Fremdsprache, und konnte meine zweijährige Lehre trotzdem gut abschließen.

Während meiner Ausbildung und auch später war ich ziemlich stark auf die Arbeit ausgerichtet. Was wollte ich als Lehrling mit sechs Wochen Urlaub anfangen? Das erschien mir viel zu viel. So fuhr ich in den Ferien für ein paar Tage weg, unternahm etwas und suchte mir für die restliche Zeit einen Job. Da konnte ich wenigstens etwas verdienen.

Während meiner letzten Sommerferien in der Ausbildung fand ich einen Job in einem Modegeschäft am Marktplatz in Luzern, das gerade neu eröffnete. Deshalb baute ich zuerst die Regale auf, bestückte sie anschließend mit Kleidung und verkaufte diese am Ende an die neue Kundschaft.

Die Arbeit gefiel mir, und ich lernte einiges, das ich auch in meiner »richtigen« Arbeit gebrauchen konnte. Eines Tages kam zum Beispiel ein abgewrackter Typ in den Laden. Er war schlecht gekleidet und seine fettigen langen Haare hingen ihm ins Gesicht. Ich behandelte ihn trotzdem so freundlich wie jeden anderen Kunden. Am Ende ging er in die Ecke, wo unsere Design-T-Shirts hingen. Diese änderten je nach Körpertemperatur ihre Farbe und waren der letzte Schrei. Drei Stück davon legte er neben die Kasse und meinte: »Die hätte ich gerne.«

»Selbstverständlich!«, antwortete ich. »Das macht pro Shirt 69 Franken, zusammen 207 Franken.«

Er zückte ein paar größere Scheine, bezahlte, lächelte und meinte: »Ich möchte mich noch für Ihre freundliche Behandlung bedanken.« Er stellte sich mit Namen vor und ergänzte: »Ich bin der Besitzer des Gebäudes.«

Erlebnisse wie dieses ließen mich die Menschen vorurteilsloser sehen. Kann man einem Menschen ansehen, wer er ist? Man kann sicher etwas davon erkennen, wie er finanziell gestellt ist. Jedenfalls manchmal. Aber man sieht nie die Person an sich – dafür ist es nötig, sich aufs Gegenüber einzulassen. Das finde ich bis heute spannend.

Im Winter beim Skifahren hatte ich immer wieder mit Hüftschmerzen zu kämpfen.

Da ich gerade über achtzehn war, nahm ich das zunächst nicht ernst. Schmerzen kommen – und Schmerzen gehen auch wieder. Doch diese gingen nicht. Also besuchte ich meinen Hausarzt. Der untersuchte mich, schickte mich zum Röntgen und stellte schließlich fest: »Meck, du hast eine Hüftarthrose. Das ist ziemlich selten in deinem Alter.«

»Lässt sich das irgendwie behandeln?«

»Nur durch eine OP.«

»Und was bedeutet das für mich?«

»Erst einmal darfst du keinerlei Sport mehr betreiben.«

Das war mehr als ein Schlag für mich. Es zog mir richtiggehend den Boden unter den Füßen weg. Keinen Sport mehr! Während der Skisaison war ich mindestens vierzig Tage auf der Piste. Das sollte jetzt alles nicht mehr möglich sein? Dazu kam die Frage, wie es mit meiner Arbeit weitergehen sollte. Ich hatte gerade das dritte Lehrjahr begonnen. Trotzdem entschied ich mich für die Operation. Das bedeutete, dass ich fast sechs Monate arbeitsunfähig sein würde.

In der Firma übernahm der Juniorchef zu dieser Zeit gerade die Geschäfte von seinem Vater. Während der Senior ein gutes Miteinander mit seinen Angestellten gepflegt hatte, gab es für den Junior nur eines: Profit.

Irgendwann traf er mich im Pausenraum und stellte mich zur Rede: »Weißt du, wie lange die Pause geht?«

»Dreißig Minuten.«

Er blickte auf die Uhr. »Und keine Minute länger!«

Ich versuchte, zu erklären, dass ich erst später in die Pause gegangen war, weil ich noch einen Kunden bedient hatte, doch er wischte den Einwand mit einer Handbewegung weg und fuhr fort: »Und was höre ich von deiner Hüfte? Du willst dich operieren lassen? Das ist doch wirklich nicht notwendig.«

»Ich lasse mich operieren, weil der Arzt mir dazu geraten hat.«

Ich wusste, dass das Folgen haben würde, aber ich blieb bei meiner Meinung, machte einen Termin im Krankenhaus und ließ mich operieren.

Die OP selbst verlief gut, allerdings lag ich fast ein Vierteljahr im Bett. Ich hatte auch noch nie solche Schmerzen gehabt wie zu dieser Zeit. Als es mir schließlich etwas besser ging, konnte ich wenigstens noch den Rest des Sommers genießen: Ich fuhr, sooft es möglich war, nach Luzern an den See, immer mit Krücken. Dort gab es eine aufgeschüttete Badestelle, die »Uffschütti«, an der sich junge Leute trafen, darunter die Clique, mit der ich hauptsächlich zusammen war. Auch meine Techno-Nächte nahm ich wieder auf. Anstandshalber fragte ich meine Physiotherapeutin, ob das okay wäre. Sie schaute mich zweifelnd an und fragte: »Wie tanzen Sie denn da?«

»Na ja, ich steh halt auf meinen Krücken und schaukele vor und zurück.«

Beruhigt antwortete sie: »Das ist optimal. Die Bewegung tut Ihnen gut.«

Irgendwann ging es mir wieder besser, sodass ich nicht nur an Krücken tanzen, sondern auch wieder arbeiten konnte. Doch stattdessen wurde ich entlassen. Im Krankenstand war eine Kündigung nicht möglich gewesen, jetzt schon. Da ich keine neue Stelle fand, hatte ich nur die zweijährige Ausbildung abgeschlossen.

Einerseits lag der Abbruch meiner Ausbildung am neuen Chef, mit dem ich es mir bereits vor meiner OP verdorben hatte, andererseits an meinem gesundheitlichen Zustand – und ehrlicherweise außerdem an meinem steigenden Hasch-Konsum.

Cathi und Claudio waren von ihrer Europareise zurückgekehrt und wir lebten wieder zu viert in ihrer Wohnung. Nach meiner Kündigung gerieten wir eines Tages aneinander. Natürlich half ich ab und zu im Haushalt mit, aber als typischer Teenager drückte ich mich auch gern darum herum. Als ich wieder einmal meinte, alles erledigt zu haben, und mich möglichst unauffällig in mein Zimmer verdrücken wollte, nannte Cathi mich einen Schmarotzer.

Auf diesen Begriff reagierte ich allergisch, ich war zwar ein bisschen bequem, aber war ich deshalb gleich ein Schmarotzer? Ich hatte gerade eine Flasche Sirup in der Hand, die ich nun wütend ins Spülbecken feuerte, sodass sie zerbrach. Jetzt hatte ich nicht nur das Geschirr zu spülen, sondern noch einiges an Mehrarbeit.

Mir wurde klar, dass ich so langsam gehen sollte, und ich schaute mich nach einer eigenen Wohnung um. Doch wie sollte es mit mir weitergehen?

Zunächst einmal stürzte ich mich immer tiefer in Musik und Drogen.

CATHERINE MERK, Erzieherin und Pflegemutter von Meck, erzählt:
Ich bin offen für alles, was uns das Leben bietet. Es ist eine Theaterbühne, auf der immer etwas passiert. Und genau das war der Fall, als Meck zu uns zog. Claudio und ich konnten und wollten ihm ermöglichen, dass er seine Ausbildung beendet und dabei in die Selbstständigkeit hineinwächst. Dazu gehörten auch Erfahrungen mit Alkohol, Hasch oder Frauen. Er war eben ein normaler Heranwachsender. Manches daran war anstrengend, aber manches auch sehr lustig. Wir konnten miteinander lachen, bis uns die Tränen kamen.
Ab und zu hatte Meck lethargische Phasen, da schaffte er es gerade noch, in Unterwäsche aus seinem Zimmer in die Küche zu schlurfen, den Kühlschrank zu leeren und wieder zurückzugehen. Wenn solche Phasen länger dauerten, dann gerieten wir aneinander, denn diese Selbstbedienungsmentalität wollten wir nicht unterstützen. Ich setzte ihm Grenzen und sagte ihm klar: »So geht es nicht weiter.«

Einmal wurde Meck daraufhin sauer. Erst zerschmiss er eine Sirupflasche in der Spüle, anschließend setzte er sich wütend aufs Motorrad und fuhr weg. Als er zurückkam, meinte er: »Ich will die Verantwortung für mein Leben selbst übernehmen.«

Dazu gehörte auch, dass er nach fast vier Jahren bei uns auszog, weil die Zeit dafür reif war.

Meck hatte ein großes Herz. Er hat es noch! Unsere Hündin war einmal vergiftet worden, und es sah so aus, als ob sie sterben müsste. Wir brachten sie in die Tierklinik nach Zürich, doch der Arzt dort meinte, dass er ihr nicht mehr helfen könnte. Wir hatten jedoch von einem Spezialisten aus der Gegend von Bern gehört, der ein Medikament für die Hündin haben sollte – das gab es allerdings nur dort in seiner Apotheke. Meck zögerte keine Sekunde und meinte: »Komm, ich chauffiere dich.« Ich war damals hochschwanger und hätte die Strecke nicht gut fahren können. Also fuhr er mich erst nach Bern und wir holten die Tropfen, dann wieder zurück nach Zürich und wir verabreichten sie dem kranken Tier. Wir waren stundenlang unterwegs, aber unsere Hündin hat überlebt!

ALS TAXIFAHRER UNTERWEGS

Meine Ausbildungsstelle war ich los. Aber natürlich brauchte ich Geld, schon um meine Nächte auf der Tanzfläche zu finanzieren. Also schlug ich die nächste Wochenendausgabe der »Luzerner Zeitung« auf und suchte den Stellenmarkt. »Schreinermeister gesucht... Sekretärin mit Berufserfahrung... hoch motivierter Immobilienmakler mit abgeschlossenem Studium...« All das war ich nicht, und einen vollwertigen Abschluss hatte ich auch nicht zu bieten.

Doch obwohl ich immer frustrierter in den Stellenanzeigen blätterte, wurde mir klar, dass ich eine Zukunft hatte. War das nur blauäugig oder schon Gottvertrauen? Vielleicht etwas von beidem. Jedenfalls warf ich die Zeitung nicht weg, suchte weiter und sah plötzlich eine kleine Annonce: »Verkaufshelfer für Imbiss gesucht – Beginn sofort möglich«.

Mir war klar, dass ich keine große Auswahl hatte. Ich konnte es immerhin probieren, daher rief ich an. Und so landete ich in einem großen Einkaufszentrum als Würstchenverkäufer. Es war kein Traumjob, aber ich verdiente, was ich zum Leben brauchte. Die Arbeit war überschaubar: Würstchen grillen, Kartoffelsalat anmachen, beides verkaufen und natürlich Bier ausschenken. Meine ersten Kunden standen bereits morgens um neun auf der Matte, wenn der Supermarkt öffnete.

»Ein Bier bitte!«, hieß es dann.

»Sofort.«

Manchen musste ich dabei helfen. Ich reichte ihnen das Bier ganz vorsichtig, sodass sie mit aufgestütztem Arm aus dem Glas trinken konnten. Ohne diese Hilfe hätten sie es vor Zittern verschüttet.

An meiner Theke fand sich das ganze Spektrum der Gesellschaft ein: Unternehmer, die zwischendurch ein Würstchen kauften, Mütter, die ihren Kindern den Einkauf versüßen wollten, aber immer wieder auch Menschen am Rande, denen die Kneipe zu teuer und der Kiosk draußen zu kalt war. Die meisten waren umgänglich. Nur von ein paar Frauen um die fünfzig wurde ich regelmäßig angemacht, aber ich lernte, damit klarzukommen.

Wenn ich keine Kunden hatte, dachte ich manches Mal über mich und meine Zukunft nach. Ich liebte die Begegnungen mit Menschen, trotzdem war der Job als Würstchenverkäufer keine Dauerlösung. Ich fühlte mich unterfordert und wollte nicht vierzig Jahre lang hinter dieser Theke stehen, Bier, Würstchen, Senf und Ketchup verkaufen. Das Leben musste mehr zu bieten haben ...

Irgendwann kam ich mit einem Taxifahrer ins Gespräch. Was er von seiner Arbeit erzählte, hörte sich gut an. Also fragte ich ihn direkt: »Meinst du, das wäre etwas für mich?«

»Fährst du gern Auto?«

»Absolut.«

»Findest du dich gut in der Stadt zurecht?«

»Ja.«

»Dann überleg's dir ruhig. Du bist viel unterwegs, begegnest interessanten Leuten und verdienst nicht schlecht, wenn man das Trinkgeld dazurechnet.«

Er hatte mich überzeugt.

Um Taxi fahren zu dürfen, musste ich den Führerschein mindestens drei Jahre lang haben. Ich war einundzwanzig – das kam gerade hin. Außerdem brauchte ich eine Stadtkundeprüfung. Davor hatte ich den meisten Respekt, denn ich wohnte zwar in Luzern, war dort aber nicht aufgewachsen. Sehr gut kannte ich mich somit nicht aus. Deshalb paukte ich vorher mit dem Stadtplan auf dem Schoß und probierte, mir die wichtigsten Strecken durch die Stadt zu merken.

In der Prüfung wurde ich zum Beispiel gefragt: »Wie würden Sie einen Kunden vom Bahnhof Luzern zur Sonnenbergstraße fahren?«

»Ich fahre nicht über den Pilatusplatz, sondern nehme die Zentralstraße, fahre dann am Bundesplatz vorbei auf die Obergrundstraße, biege rechts in die Steinhofstraße ab und dann nach links bergauf in die Sonnenbergstraße.«

So ähnlich ging es weiter. Zu Beginn hatte ich schweißnasse Hände vor Aufregung, aber das gab sich schnell, denn ich konnte die Fragen gut beantworten.

Anschließend musste ich noch eine Fahrprüfung ablegen, die mit der Führerscheinprüfung nur wenig zu tun hatte. Die Kunst beim Taxifahren ist es, dass der Fahrgast sich wohlfühlt, weil der Fahrer gleichmäßig, ohne Hektik und doch zügig unterwegs ist. Er muss sich plaudernd aus einer kleinen Gasse heraus in den fließenden Verkehr einer Hauptstraße hineindrängeln, ohne dass es zu Vollbremsungen und Hupkonzerten kommt. Auch das bekam

1976 – Mit zwei Jahren steht Meck daheim unterm Weihnachtsbaum.

1976 – Meck zusammen mit seinen großen Geschwistern — Andy und Amara.

1980 – In diesem Alter kam Meck als Verdingkind auf den Bauernhof.

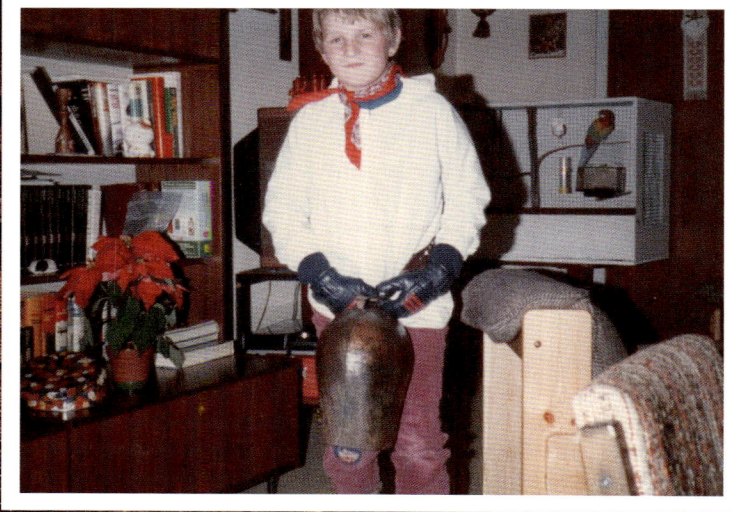

1984 – Klausjagen ist eine alte Nikolaus-Tradition in Küssnacht.

1990 – Manches sah Meck im Heim in Schachen auch kritisch.

1991 – Als stolzer Pokal-
gewinner zusammen
mit Thomas Busin
(Tischtennisprofi)

1996 – Jüngster Taxichauffeur in Luzern

1999 – Mecks Freunde feiern das Ende seiner Taxikarriere mit ihm.

1999 – Als Filialleiter im Schuhgeschäft

2018 – Den Neuanfang im Glauben dokumentiert Meck mit einem Tattoo.

2019 – Erleichtert und begeistert lässt er sich taufen.

2020 – Mit solch einem Traktor überlebte Meck seinen Unfall.

2020 – Evelyn und Meck

2021 – Die Familie bei der Kommunion: Evelyn, Meck, Amanda, Angelina, Jana und Alexander

2021 – Meck mit seiner ältesten Tochter Jana

2022 – Familienausflug

2022 – Meck zusammen mit Johannes,
seinem Mentor

ich hin. Mit meinem Personenbeförderungsschein in der Tasche bewarb ich mich bei einem Taxiunternehmen. Schnell bekam ich einen Job – als jüngster Taxifahrer von Luzern.

Am ersten Arbeitstag stand ich in meinem Mercedes C 220, einem typischen Taxi, in der Nähe des Bahnhofs. Für den Bahnhof selbst hatte mein Chef keine Lizenz, aber das war kein Problem für mich. Ich hatte meine Prüfung, hatte eine Arbeit und wartete auf die ersten Kunden. Dabei war ich extrem nervös. Die Fahrgäste würde es kaum interessieren, dass ich meine Prüfung gerade bestanden hatte und noch neu im Geschäft war. Würde ich mit den Anforderungen zurechtkommen? Könnte ich sie zügig an den richtigen Ort fahren? Mir blieb keine Zeit zum Grübeln.

»Grüezi, sind Sie noch frei? Ich sollte in das Hotel hier.«

Ein älterer Herr reichte mir eine Karte. Das Hotel darauf kannte ich. Mein Puls beruhigte sich spürbar, ich lächelte ihn an und meinte: »Ja, ich bin frei. Bitte nehmen Sie Platz. Ich verstaue währenddessen Ihren Koffer.« Mein erster Tag als Taxifahrer fing gut an.

Meine Arbeitszeit war meistens von sieben Uhr abends bis sieben Uhr morgens. Anfangs wartete ich in Bahnhofsnähe, vor dem Krankenhaus oder an anderen Taxiständen auf Kunden. Manchmal rief mich auch die Zentrale per Funk an: »Meck, wo bist du gerade? Kannst du jemanden von dem Restaurant am Bundesplatz abholen?«

Im Laufe der Zeit änderte ich meine Strategie. Durch meine Techno-Begeisterung war ich regelmäßig in den Klubs, Bars und Pubs der Stadt unterwegs und kannte dort viele Barkeeper, Klubinhaberinnen, Türsteher – alle, die dort arbeiteten. Zu diesen ging ich jetzt. Ich fragte die Wirte und Bedienungen: »Wie viel zahlst du dafür, dass du nach der Arbeit nach Hause kommst?«

»Dreißig Franken.«

»Das ist ganz schön viel. Ich fahre dich für die Hälfte. Aber dafür rufst du mich an, wenn du für deine Gäste ein Taxi brauchst, okay? Hier ist meine Nummer.«

Es dauerte nicht lange, da bekam ich deutlich mehr Aufträge über mein Handy als über den Taxifunk. Die Zentrale informierte ich dann, dass ich besetzt war und wohin ich fuhr. Nach einem halben Jahr hing die Karte mit meiner Nummer in fast jeder Bar der Stadt und ich war der Fahrer in unserem Team, der den größten Umsatz machte. Zusammen mit dem Trinkgeld verdiente ich nicht schlecht, doch für die zwölfstündigen Nachtschichten und die Arbeit an den Feiertagen, für die es nichts extra gab, erschien es mir nicht viel. Ich dachte manches Mal an den Taxifahrer zurück, der mir zugeraten hatte, mich hinters Steuer zu setzen. Ob der mehr verdiente? Oder mit weniger auskam?

Die Begegnungen mit den unterschiedlichen Menschen, die ich fuhr, waren jede Nacht aufs Neue spannend. Manche erfüllten genau die Klischees des zerstreuten Professors, des Liebespaars, das nichts um sich herum wahrnahm, oder der ärmeren Frau, die das Taxameter ängstlich im Blick behielt und bei dem Betrag, den sie höchstens ausgeben konnte, meinte: »Sie können hier schon rechts ranfahren.« Andere konnte ich dagegen gar nicht einschätzen. So wie die vier Männer aus dem Balkan, die eines Abends an mein Taxi herantraten.

»Wir wollen ins Züricher Oberland. Kannst du uns da hinbringen?«

»Klar, mach ich.«

Ich freute mich schon, denn das war eine Zweihundert-Franken-Fahrt.

»Machst du uns dafür einen Pauschalpreis?«

»Sorry, dafür kenne ich die Strecke nicht gut genug.«

Wir diskutierten noch hin und her, doch schließlich stiegen sie ein. Drei Mann saßen auf der Rückbank und einer auf dem Beifahrersitz.

Ich startete das Taxameter und fuhr los. Irgendwie kamen mir die vier nicht ganz geheuer vor.

Wir verließen die Stadt, ich fuhr auf die Autobahn und danach über Land. Während wir durch eine waldreiche und einsame Landschaft kurvten, ging bei mir plötzlich das Kopfkino los. Worüber sprachen sie gerade? Ich verstand kein Wort. Redeten sie etwa über mich? Was sollte ich tun, wenn sie mich überfielen? Mit meinen 1,72 Meter bin ich kein Riese, und die vier waren größer und kräftiger als ich. Meine Hände am Lenkrad wurden feucht, und mir stand der Schweiß auf der Stirn.

Wir fuhren eine ganze Weile. Bei irgendeiner Abzweigung wussten sie angeblich nicht mehr genau, welche Strecke die richtige war. So irrte ich auf einsamen Landstraßen umher, und der Wald wurde immer dichter. Meine innere Alarmglocke schrillte längst – ich hatte Todesangst und sah in Gedanken schon ein Messer an meinem Hals.

Irgendwann lichtete sich der Wald, und ein Haus kam in Sicht. Im Garten spielten Kinder. Die vier lächelten. Wir waren angekommen.

Als ich in die Einfahrt vor dem Haus fuhr, zeigte das Taxameter hundertachtzig Franken, zweihundert gaben sie mir, und dann luden sie mich noch freundlich zum Essen ein. Ich war völlig überrascht und erlebte ein Wechselbad der Gefühle. Nach der Todesangst auf der Fahrt herrschte jetzt die pure Erleichterung.

Die Freude und Gastfreundschaft waren einfach überwältigend. So kann man sich täuschen.

Wirkliche Gewalt habe ich im Taxi nie erlebt. Aber wie viele andere Kollegen wollte ich es auch nicht darauf ankommen lassen und sorgte vor. Bei einem Ausflug nach Deutschland kaufte ich mir daher Pfefferspray. In der Schweiz war das verboten, doch es erschien mir eine sinnvolle Vorsichtsmaßnahme zu sein. Die meisten Kollegen waren ähnlich gerüstet, entweder mit einem Messer in der Tasche, einem Baseballschläger unter dem Sitz oder eben mit Pfefferspray. Es konnte alles Mögliche passieren, und wir hatten schon zu viel gehört.

Mein schlimmstes Erlebnis hatte ich eine Weile später – eine Waffe brauchte ich dabei jedoch nicht. Ich sollte vier junge Banker heimfahren, die gerade ihren Universitätsabschluss feierten. Von der ersten Minute an benahmen sie sich völlig daneben. Sie waren angetrunken und in Feierlaune, auch im Taxi waren sie in keiner Weise zu beruhigen. Zigmal versuchte ich einzugreifen und erntete nur dumme Kommentare: »Hast du deinen Führerschein etwa im Lotto gewonnen?« – »Bist du so blöd oder tust du nur so?«

Was sollte ich tun? Wenn es so weiterging, würde die Situation eskalieren. Ich wusste mir nicht anders zu helfen, als laut und anhaltend »Ääääääääääh« zu rufen. Es wurde still im Auto. Völlig irritiert schauten sie mich an.

»Was würden Sie mit jemandem machen, der sich bei Ihnen in der Bank so betragen würde?«, fragte ich sie.

»Na, den würden wir rauswerfen«, meinten sie.

»Genau!« war meine Antwort.

Ich fuhr rechts heran, trat auf die Bremse, stieg aus und ging um das Auto herum. Dann öffnete ich die Türen und sagte betont freundlich: »So, meine Herren. Und dasselbe tue ich jetzt auch: Raus!« Sie gingen, ohne Schwierigkeiten zu machen.

Zum Glück hatte ich nicht nur solche schwierigen Fahrgäste. Die meisten waren eher angenehm, und ich kam mit vielen ins Gespräch. Zu einigen entwickelte sich eine regelrechte Freundschaft. Zum Beispiel wurde ich einmal zum Hotel Gütsch gerufen, um ein amerikanisches Ehepaar in die Stadt zu fahren. Die beiden kamen Hand in Hand aus der Eingangstür des Hotels und setzten sich nebeneinander auf die Rückbank des Taxis. Dort schauten sie erst einmal sich an und nicht mich. Ich musste grinsen.

»Frisch verheiratet?«

»Ja, sieht man das?«

»Und wie. – Was kann ich für euch tun?«

»Das hier sind unsere Flitterwochen. Wir sind zum ersten Mal in Luzern. Wir suchen etwas, wo wir heute gut essen und uns amüsieren können.«

»Da wüsste ich etwas ...«

Ich fuhr sie in ein wunderschönes Restaurant am Ufer des Vierwaldstättersees, ein echter Insider-Tipp. Als ich sie viele Stunden später dort wieder abholte, sah ich an ihrem entspannten Lächeln, dass ihnen mein Tipp gefallen hatte. Noch auf dem Heimweg fragten sie mich, ob ich sie nicht jeden Abend chauffieren könnte. Ich konnte – und ich wollte. Mehr als eine Woche lang fuhr ich sie herum und zeigte ihnen die ganze Stadt mitsamt Umgebung, Sehenswürdigkeiten, die in jedem Reiseführer stehen, und Geheimtipps, die fast nur Taxifahrer kennen.

Am Ende ihrer Flitterwochen baten mich George und Mandy noch in ihre Suite. Das Hotel Gütsch liegt oberhalb von Luzern und sieht fast aus wie ein Schloss, man hat einen fantastischen Blick über die Stadt und den See. Dort feierten wir unseren Abschied. Wir redeten fast die ganze Nacht miteinander und plünderten die Zimmerbar. Im Endeffekt musste ich in der Taxizentrale anrufen und darum bitten, dass sie ein Taxi mit zwei Fahrern vorbeischickten. Einer nahm mich mit, und der andere fuhr mein Taxi zurück in die Stadt, denn ich hatte so viel getrunken, dass ich auf keinen Fall selbst fahren konnte.

Der Fahrer brachte mich in die Wohnung, in der ich lebte, seitdem ich bei Cathi und Claudio ausgezogen war. Eigentlich hätte ich keine Wohnung gebraucht, mir hätte ein Bett gereicht, denn wenn ich nicht am Steuer saß, um zu arbeiten, gab es für mich nur Techno. Mein Leben bestand aus Taxi und Tanzfläche.

Für Freunde war ebenfalls noch Platz. Alessandro war Barkeeper, und als er in Zürich an der Schweizer Meisterschaft der Barkeeper teilnahm, fuhr ich ihn hin. Wir waren sein persönlicher Fanklub, auch wenn er nicht den ersten Platz machte. Mit unseren Freunden bekamen wir einen Bus mit siebzehn Sitzen voll. Den durfte ich mit meinem Taxiausweis gerade noch fahren.

Weil ich keine Familie hatte, wurden meine Taxikollegen noch wichtiger für mich. Wir waren eine eingeschworene Mannschaft und immer füreinander da.

Jacques hatte sich irgendwann von seinem Ersparten einen Porsche geleistet und war entsprechend stolz auf die 300 PS, die unter seiner Motorhaube röhrten. Immer wieder sprach er davon. Ich hatte mir damals gerade ein kleines Motorrad gekauft, eine 125er Yamaha. Voll Selbstbewusstsein forderte ich ihn heraus:

»Willst du mal sehen, was ein Schnellstart ist? Mit meinem Motorrad häng ich dich locker ab.«

»Wie bitte? Mit der Schnecke auf zwei Rädern?«

»Der Fahrer macht den Unterschied«, grinste ich ihn frech an.

»Das werden wir ja sehen.«

So veranstalteten wir morgens um 7 Uhr ein kleines Rennen. Am Start waren Jacques mit seinem Porsche und ich mit meiner Yamaha. Die Strecke war vierhundert Meter lang. Sie lag außerhalb der Stadt, und niemand würde uns stören. Wir waren unter uns. Alle Taxifahrer unseres Teams waren dabei, das wollte sich keiner entgehen lassen.

Die Fahne fiel, ich startete mit einem Wheelie und fuhr auch auf dem Hinterrad weiter. Zu Beginn lag ich tatsächlich vorne, doch meine 125er schaffte maximal hundertdreißig Stundenkilometer – irgendwann donnerte Jacques mit seinem Porsche an mir vorbei. Großmütig lächelnd wartete er am Ziel auf mich. »Na, auch schon da?« Letztlich war es egal, wer gewann: Wir hatten Spaß zusammen.

Weil ich notorisch knapp bei Kasse war, schaute ich mich immer wieder nach einem Nebenverdienst oder einem besseren Job um. Fahren machte mir nach wie vor Freude, daher überlegte ich mir, mich als Kurierfahrer selbstständig zu machen. Hier konnte ich wesentlich mehr verdienen – jedenfalls wenn die Auftragslage stimmte. Das reizte mich.

Claudio half mir beim Start. Sein Bruder war für einen Weinhändler in der Region unterwegs gewesen und ich konnte seinen Job übernehmen. Er half mir auch bei der Finanzierung, denn was ist ein Fahrer ohne Auto? Erst einmal musste ich investieren: Ich brauchte einen Lieferwagen und ein eigenes Lager. Und dann sollte ich mich um die Auslieferung für den Weinhändler kümmern.

Als Kleintransporter kaufte ich mir einen Toyota Hi Ace, eine überschaubare Halle konnte ich mieten. Der Weinhändler gab mir seine Bestellungen weiter, und ich lieferte sie in der gesamten Zentralschweiz aus. Im Nachhinein bin ich schon stolz auf meinen Schnitt: Es gab keine einzige Kundenreklamation, und mir gingen nur ungefähr sechs Flaschen zu Bruch. Bei den großen Speditionen fiel dagegen schon mal eine ganze Palette herunter. Allerdings war ich längst nicht so schnell wie diese.

Während meiner Selbstständigkeit gab es Monate, in denen ich 20 000 Franken verdiente. Dieser Top-Verdienst kam dadurch zustande, dass der Weinhändler zweimal im Jahr, jeweils im Frühjahr und im Herbst, Aktionswochen durchführte und seinen Hauswein äußerst günstig anbot. Statt 20 Franken kostete die Flasche nur 8,90 Franken. Während dieser Wochen ging ich unter vor lauter Arbeit. Ich saß von früh bis spät hinter dem Steuer, fuhr durch die gesamte Zentralschweiz und verdiente mir eine goldene Nase. Danach brach mein Verdienst ein.

Natürlich hätte ich diese Zeiten nutzen können, um Taxi zu fahren oder sonst etwas zu arbeiten, aber den Weitblick hatte ich damals noch nicht. Stattdessen blieb ich einfach daheim und verbrauchte das Geld, das da war. Mit diesem Lebensstil hatte meine Selbstständigkeit keine Zukunft. Erst verlebte und verfeierte ich meinen Gewinn und schließlich machte ich Schulden. Als klar war, dass demnächst kein Großauftrag hereinkommen würde, beendete ich meine Selbstständigkeit und fuhr wieder Taxi – schon um meine Schulden abzuzahlen.

Die alten Kollegen begrüßten mich mit großem Hallo. Hier waren die Rahmenbedingungen geklärt: Mein Gehalt und das Trinkgeld brachten genug ein, um davon zu leben, auch wenn ich keine großen Sprünge machen konnte. Doch eines Tages nahm mich ein Kollege auf die Seite. Er erklärte mir: »Hör auf mit dem Taxifahren. Sonst kommst du davon irgendwann nicht mehr weg.«

»Aber du tust das doch auch schon seit vielen Jahren.«

»Bei mir ist das was anderes. Ich fahre jetzt Taxi und werde das noch in zehn Jahren machen. Ich brauche die Freiheit, die mir das bringt. Beruflich kann ich nichts anderes, aber du weißt ja, dass ich nebenher Präsident meines Jazzklubs bin. Doch du, Meck, kannst mehr. Du musst hier raus.«

So etwas hatte mir noch nie jemand gesagt. Und es war selten genug, dass andere Menschen in dieser Weise an mich glaubten.

Gott benutzt schon interessante Personen als »Engel«. Mir war sofort klar, dass mein Kollege recht hatte. Ich wusste nur noch nicht, was mein nächster Schritt sein sollte.

IM SCHUHGESCHÄFT

»Ich mach's nicht mehr lange«, seufzte ich.

Der Wirt, an dessen Tresen ich stand, sah mich erschrocken an und fragte: »Bist du krank, Meck?«

»Sorry, nein. Ich werde die Taxifahrerei an den Nagel hängen.«

Der Wirt meinte grinsend: »Wie? Schon wieder?«

»Ja, ich will was ganz anderes machen.«

»Was schwebt dir denn vor?«

»Das ist das Problem: Ich weiß es noch nicht.«

»Dann würde ich dir empfehlen, solange erst einmal den Kunden da nach Hause zu bringen. Das andere wird sich ergeben.«

Ich hatte keinen Plan, wie es weitergehen sollte. »Hauptsache weg« hört sich zwar gut an, aber wohin? Ich wusste nur, dass die alte Richtung nicht mehr passte. Und weil man ohne Ziel nicht vorwärtskommt, fuhr ich erst einmal weiter Taxi. Daneben schlug ich jedes Wochenende die Stellenanzeigen in der Zeitung auf. Ich hoffte auf eine plötzliche Erscheinung oder das spontane Wissen: »Das ist es.« Nichts geschah.

Also begann ich, mich blind bei Firmen in der Region zu bewerben. Sie sollten auf jeden Fall etwas mit Verkaufen zu tun haben und mit meinen bisherigen Erfahrungen im Job, ob es nun Sportartikel waren, Bekleidung oder Schuhe.

Ich musste mich nicht lange bewerben. Bald hatte ich ein Antwortschreiben im Briefkasten: »Wir würden uns freuen, Sie bei einem Vorstellungsgespräch näher kennenzulernen...« Der Brief kam von der Personalabteilung eines internationalen Schuh- und Sporthändlers, der in der Schweiz mit zahlreichen Filialen vertreten war.

Das Vorstellungsgespräch lief gut. Ich hatte ein angenehmes Gefühl dabei und konnte mir gut vorstellen, in der Firma zu arbeiten. Offensichtlich ging es meinen Gesprächspartnern genauso, denn ich bekam den Job.

So kündigte ich bei dem Taxiunternehmen und fing bald darauf als Schuhverkäufer in zwei Filialen an. Nach drei Wochen bekam ich einen Anruf von unserem Schweizer Verkaufsleiter.

»Sind Sie gerade allein im Geschäft?«, fragte er.

»Nein, wir sind zu dritt.«

»Dann können Sie es sicher einrichten, noch heute Nachmittag in die Filiale in Kriens zu kommen?«

Ich konnte. Aber ich hatte keine Ahnung, was mich bei diesem Gespräch erwarten würde.

Kündigen würden sie mir wohl nicht, aber was wollte der Schweizer Verkaufsleiter von mir?

Als ich in Kriens ankam, hielt er nicht lange mit seinen Absichten hinterm Berg: »Wir sind mehr als zufrieden mit Ihnen. Könnten Sie sich vorstellen, unsere Filiale in Sursee als Leiter zu übernehmen?«

Ich hatte zwar nicht viel Erfahrung, aber dafür ein großes Selbstbewusstsein. Daher antwortete ich direkt: »Ja. Das kann ich mir gut vorstellen.«

»Dann gratuliere ich Ihnen, Herr Filialleiter.«

Das Ganze war für mich schwer zu begreifen. Ich wusste inzwischen, dass ich etwas konnte, aber mir hingen immer noch die Minderwertigkeitsgefühle aus meiner Kindheit und dem Heim nach. Die Stimmen, die verkündeten, dass aus mir nichts werden würde. Und nun war ich innerhalb von drei Wochen vom Taxifahrer zum Leiter einer eigenen Filiale aufgestiegen. Ich war überglücklich. Nie im Leben hätte ich an solch eine schnelle Karriere gedacht. Ob es an meiner guten Ausbildung im Fachhandel lag? Oder hatte der Filialleiter meiner bisherigen Hauptfiliale mich empfohlen, den ich noch aus der Gewerbeschule kannte? Der Verkaufsleiter hatte mich jedenfalls noch nie gesehen, und Führungserfahrung hatte ich auch nicht vorzuweisen.

Im Normalfall begleitet der scheidende Filialleiter seinen Nachfolger noch für ein paar Wochen, um den Übergang zu erleichtern. Dabei gibt er das nötige Wissen weiter, damit sein Nachfolger ihn ohne große Brüche ersetzen kann. Doch ich hatte nach ein paar Tagen den Eindruck: »Das war's. Jetzt habe ich alle Informationen.« Und ich hatte den Eindruck, dass mein Vorgänger mir im Weg stand – ich wollte endlich eigene Akzente setzen. Also schickte ich ihn früher als angepeilt nach Hause und verschaffte ihm noch ein paar freie Tage, bevor er seine neue Verantwortung in der Firma übernahm.

Das war sicher nicht diplomatisch, sondern eingebildet. Aber es war schon etwas an meinem Eindruck dran, denn innerhalb der nächsten drei Jahre verdoppelte ich den Umsatz meiner Filiale von anderthalb auf drei Millionen Schweizer Franken.

Im Rückblick sehe ich, dass das nicht alles mein Verdienst oder Verkaufstalent war. Wir hatten in Sursee nur einen Mitbewerber, aber ein riesiges Einzugsgebiet. Dazu kamen ein paar örtliche

Besonderheiten: Damals wurde gerade eine Eissporthalle fertig-
gestellt. Nachdem sie ihren Betrieb aufgenommen hatte, gaben
sich Schlittschuhläufer und Eishockeyteams bei uns im Laden die
Klinke in die Hand. Außerdem entstand direkt gegenüber vom
Ladengeschäft eine IT-Firma mit vierhundert Angestellten – auch
das waren Kunden.

Aber meine Haltung spielte ebenfalls eine große Rolle. Immerhin hatte ich Sportartikelverkäufer in einem Fachgeschäft gelernt.
Meine Firma bot zwar hauptsächlich Massenware und Produkte
für sportliche Einsteiger an, aber ich pries sie den Kunden an wie
Premiumprodukte – und dasselbe erwartete ich auch von unseren
Verkäuferinnen und Verkäufern. Die taten sich damit zunächst
schwer. Also schulte ich sie und lud auch unsere Lieferanten zu
Produktschulungen ein. Ich war überzeugt: Wer fordert, der sollte
auch fördern.

Frech, wie ich war, besuchte ich außerdem unseren Mitbewerber am Ort. Schnell sah ich seine Problembereiche, aber auch seine
Vorzüge – zum Beispiel zwei sagenhafte Mitarbeiterinnen. Ich
suchte das Gespräch mit ihnen, stellte mich vor und warb sie ab.
Ich machte ihnen ein Angebot, das sie nicht ablehnen konnten.

Meine Vorgesetzte war zunächst nicht glücklich darüber, weil
das Gehalt der beiden deutlich über dem lag, was unser Unternehmen normalerweise bot, doch das Ganze machte sich schnell
bezahlt: Die beiden Frauen arbeiteten nicht nur phänomenal, sondern brachten sogar noch Kunden aus ihrem vorigen Geschäft mit,
die nur von ihnen bedient werden wollten.

Im ersten Dreivierteljahr hatte ich in meiner neuen Firma eine
Siebentagewoche – weil ich es so wollte. An normalen Arbeitstagen
setzte ich mich, nachdem die Letzten gegangen waren, im Büro an

141

den Schreibtisch. Sonntags räumte ich das Lager so um, wie ich es haben wollte. Damals wäre es mir nie in den Sinn gekommen, das während der regulären Arbeitszeit zu tun. Diese Zeit war doch dazu da, zu verkaufen, sprich: Umsatz zu generieren.

Aber auch normale Arbeiten erledigte ich bis lange nach Feierabend. Bald überlegte ich mir, dass zu einem Laden, in dem Ski und Snowboards verkauft wurden, auch der Service dazugehörte. Natürlich war das nicht branchenüblich, die Fachgeschäfte boten Service, und wir – als Discounter – hatten günstige Angebote. Damit war ich jedoch nicht zufrieden.

Im Laufe der Zeit besorgte ich Werkzeug und bot ein paar Serviceleistungen für Ski an, ich konnte beispielsweise den Belag aufarbeiten und die Kanten nachschleifen. Freitags saß ich am Radio und hörte den Wetterbericht fürs Wochenende. Wenn ein gutes Skiwochenende angekündigt wurde, stellte ich mich darauf ein und brachte bei den Ski genau das Wachs auf, das zu den angekündigten Temperaturen passte. Ich ließ das Geschäft geöffnet, und die Kunden konnten ihre Ski und Boards vorbeibringen. Natürlich sprach sich das herum und die Kunden kamen bis spät am Freitag- oder Samstagabend vorbei. Manche waren bereits unsere Kunden gewesen und blieben es dadurch, aber viele kamen erst durch diese Aktionen dazu und wurden so zu Stammkunden.

Ich war zufrieden, sah ich doch den Erfolg, den ich mit meiner Strategie hatte. Nicht so zufrieden war ich mit der Begleitung meiner Vorgesetzten.

Ab und zu besuchte mich die Bezirksverkaufsleiterin. Sie war schon länger im Unternehmen und für sieben Filialen neben ihrer eigenen zuständig. Als sie das erste Mal kam, saß ich mit offenen

Augen und Ohren da. Ich wollte von ihr lernen. Daher legte ich mein Umsatzbuch offen und präsentierte meine Fragen.

Sie warf einen kurzen Blick darauf und meinte: »Sieht ganz gut aus. Trinken wir doch erst einmal einen Kaffee.«

Ich hatte nichts gegen Kaffee und wollte sie gern gut bewirten, also bekam sie ihre Tasse. Dann war ich wieder bereit für ihr Lob oder ihre Verbesserungsvorschläge – doch die kamen nicht. Wir tranken nur einen Kaffee nach dem anderen.

Nach drei Monaten als Filialleiter ergab sich ein Gespräch mit dem Verkaufsleiter für die Gesamtschweiz, der mich nach Sursee geholt hatte. Dabei versuchte ich, zur Sprache zu bringen, was mir an meiner Vorgesetzten nicht gefiel. Meine ersten Andeutungen überging er einfach, daher wurde ich deutlicher: »Ich lerne nichts von ihr, denn Kaffeetrinken kann ich schon. Als Filialleiter bin ich besser als sie. Ich will nicht mehr von ihr besucht werden.«

Natürlich hakte er nach. Zu ihren Qualitäten äußerte er sich nicht, aber kurze Zeit später wurde ich mit meiner Filiale ihm persönlich zugeordnet. Für mich war das ein Glücksfall, weil ich alle Fragen direkt mit meinem obersten Chef klären konnte und viel von ihm lernte.

Nebenbei half mir das auch, mein Sortiment auszubauen. Bis dahin hatten wir hauptsächlich Einsteigermodelle angeboten, doch zusammen mit unserem Service wollte ich das erweitern. Mein Chef stimmte zu, und so hatten wir bald Eintausend-Franken-Ski im Angebot. Jetzt machte es sich bezahlt, dass ich zwar in einem Discounter arbeitete, aber meine Kunden schon immer so wie in einem Fachgeschäft behandelt hatte – so hatte ich es eben auch gelernt.

Das vordergründige Ergebnis meines Engagements war fast fünfzig Prozent mehr Umsatz als im Vorjahr. Ich war erfolgreich, keine Frage, aber zu dieser Zeit gab es für mich nur noch den Job. Dass das nicht gesund war und langfristig auch nicht so weitergehen konnte, merkte ich, als ich nach neun Monaten Dauerarbeit meinen ersten längeren Urlaub nahm. Drei Wochen lang war ich nicht im Laden. Während ich mich früher gefragt hatte, was ich während des Urlaubs unternehmen (sprich: arbeiten) konnte, war ich dieses Mal fix und fertig. Die Zeit reichte kaum, um mich einigermaßen zu regenerieren und danach wieder an die Arbeit zu gehen.

Während der ersten Wochen und Monate im Schuhgeschäft genoss ich den Geschmack des Erfolgs. Fast alles, was ich anfasste, funktionierte. Doch wegen der Arbeit verlor ich den Draht zu praktisch allen Freunden, Bekannten und früheren Kollegen. Ich hatte einfach keine Zeit mehr für sie – weder am Freitagabend noch irgendwann sonst. Alles drehte sich nur um die Arbeit. Immer. Zu jeder Zeit.

Ich lebte und erlebte Erfolg. Wenn während dieser Zeit ein alter Freund anrief und fragte, ob wir uns mal wieder im Pub treffen könnten, hörte er das Blättern in meiner Agenda.

»Heute geht's gar nicht und diese Woche ist es ganz schlecht. Ob es nächsten Monat klappt, weiß ich noch nicht…, aber ich melde mich.«

Natürlich meldete ich mich nicht – und er meldete sich auch nicht mehr. So erlebte ich nicht nur die guten Seiten des Erfolgs, wie Anerkennung, Geld, Prestige, sondern auch die negativen: Meine Freundschaften gingen Stück für Stück kaputt. Und zwar alle. Selbst zu Cathi und Claudio hatte ich kaum noch Kontakt.

Damals dachte ich: Das muss so sein. Der Erfolg, vor allem die Anerkennung und auch das Geld auf meinem Konto schienen mir ohnehin greifbarer und realer als Beziehungen, zeigten sie mir doch, dass ich es schaffen konnte – gegen alle Unkenrufe aus der Vergangenheit.

Zu dieser Haltung trug auch bei, dass immer wieder Delegationen aus dem Gesamtunternehmen durch meine Filiale geführt wurden. Der Seniorchef kam regelmäßig vorbei und ich wurde seinen Begleitern als »unser junger, erfolgreicher Filialleiter« präsentiert. Während ich wohlwollende Blicke erntete, hörte ich immer dieselben Gesprächsfetzen: »So sieht Erfolg aus. Meinen Sie nicht auch?« – »Er hat eine glänzende Zukunft.« Mir klingelten die Ohren, denn genau da wollte ich hin.

Ich war schon vorher ehrgeizig gewesen, aber dieses Umfeld verstärkte meine Ambitionen noch. Das trieb manchmal seltsame Blüten. Da kam zum Beispiel ein Kunde ins Geschäft und sagte: »Grüezi, ich suche diesen speziellen Schuh.«

Eigentlich wusste ich schon: Den habe ich nicht am Lager.

»Kleinen Moment bitte«, sagte ich trotzdem und schaute in den Computer. Richtig. Ich hatte ihn nicht vorrätig, aber unsere Filiale im Nachbarort.

»Haben Sie noch etwas anderes in der Gegend zu erledigen?«, fragte ich. »Bis Sie fertig sind, ist der Schuh da.«

Dann sprang ich ins Auto, fuhr die drei Kilometer zum Nachbargeschäft, holte die Schuhe und wartete auf den Kunden.

»Voilà, hier sind Ihre Schuhe.«

Natürlich hätte ich auch sagen können: »Wir haben die Schuhe nicht, aber ich sehe, dass unsere Filiale im Nachbarort sie vorrätig hat, dort können Sie sie abholen.« Doch das tat ich nicht. Ich wollte unseren Kunden den bestmöglichen Service bieten, und ich wollte ihnen die Schuhe selbst verkaufen. Fürs Unternehmen machte das keinen Unterschied, aber meine persönliche Bilanz war besser: Ich hatte ein Paar Schuhe mehr verkauft.

Zu Beginn ging es mir nur um diesen persönlichen Erfolg. Doch als ich immer häufiger an meine Grenzen stieß und merkte, wie stark ich auf mein Team angewiesen war, begann sich das zu ändern. Ich realisierte, dass Erfolg Teamsache war. Beziehungen wurden mir wieder wichtiger.

Das äußerte sich zum Beispiel in meinem Umgang mit unseren Auszubildenden. Weil etliche meiner Lehrlinge in den Prüfungen sehr gut abgeschnitten hatten, galt ich als »Erfolgschef«. Deshalb bekam ich manche Auszubildende zugeordnet, die in keinem anderen Laden zurechtkamen. Da war einer, der die Berufsschule als Sechserschüler schaffte, also mit Bestleistungen. Doch in den Filialen, wo er bisher gearbeitet hatte, hatte er nicht einmal das Kassensystem verstanden. Das passte nicht zusammen. Als er bei uns in Sursee ankam, merkte ich im Gespräch, dass er ein sympathischer und kluger Zeitgenosse war. Ich ging mit ihm zur Kasse, erklärte ihm die Arbeitsschritte und ließ ihn selbst die entsprechenden Tasten drücken. Das konnte schließlich jeder lernen!

Abends merkte ich jedoch: Es hatte nicht funktioniert. Da fielen mir die unterschiedlichen Lernwege ein, auf denen sich Menschen Wissen aneignen: selbst umsetzen, hören, sehen oder lesen. Der Auszubildende stand völlig zerknirscht vor mir und war bereit, sich seinen Rüffel abzuholen, doch ich drückte ihm stattdessen das Kassenhandbuch in die Hand und forderte ihn auf: »Lies das bis Montag durch.«

Nach dem Wochenende kam er in den Laden, stellte sich hinter die Kasse und arbeitete, als hätte er nie etwas anderes gemacht. Und ich freute mich, dass es so einfach gewesen war.

Ich selbst hatte nur die zweijährige Ausbildung zum Verkäufer. Vielleicht lag es mir deshalb so am Herzen, andere zu fördern und auch selbst Weiterbildungen zu besuchen. Ich investierte gern in unsere Lehrlinge und nutzte gleichzeitig die Chance, etwas für mich dazuzulernen.

Nach einem Jahr in meiner neuen Verantwortung machte mir mein Chef ein Angebot: »Was halten Sie davon, die Ausbildung zum Einzelhandelsspezialisten zu machen?«

»Das hört sich gut an, ich bin dabei. Was sind denn die Inhalte?«

Mein Chef erklärte mir mit einem Grinsen: »Es bereitet Sie auf die Aufgaben vor, die Sie schon erfüllen.«

»Oder es hilft mir dabei, sie besser zu bewältigen«, antwortete ich.

Bald darauf besuchte ich das berufsbegleitende Training für zukünftige Filialleiter, obwohl ich längst meine eigene Filiale leitete. Anderthalb Jahre lang hängte ich an meine normale Arbeitswoche einen zusätzlichen Schultag an und schrieb am Ende noch eine Diplomarbeit.

Die Ausbildung war super. Sie schloss einige Lücken in meinem Wissen, und weil ich schon mitten in der Arbeit steckte, konnte ich vieles direkt umsetzen. Gleichzeitig wurde mir immer klarer, dass ich mein bisheriges Tempo und den Zeiteinsatz auf keinen Fall dauerhaft aufrechterhalten konnte. Ich versuchte gegenzusteuern, doch das war nicht so leicht. Zum einen fühlte es sich für mich seltsam an, einfach mal einen freien Nachmittag zu haben, im Café zu sitzen und das schöne Wetter bei einem Milchkaffee zu genießen. Zum anderen taten sich auch meine Mitarbeiter schwer damit. Sie sagten nicht: »Jetzt geh endlich nach Hause. Du hast monatelang zu viel gemacht.« Als ich ab und zu später ins Geschäft kam, früher wieder ging oder mir einfach einmal einen Tag freinahm, hieß es: »So früh würde ich auch gerne Feierabend machen...«

Zuerst war ich verletzt und wütend, doch schließlich realisierte ich, dass Menschen sich solche Zusammenhänge einfach nicht merken. Ich musste schon selbst auf mich achten.

Irgendwann bekam ich einen Anruf von meinem ehemaligen Ausbildungsleiter. Es war schön, ihn zu hören, und wir redeten eine Weile von alten Zeiten. Dann kam er auf den Grund seines Anrufs zu sprechen.

»Erinnerst du dich an Maradona?«

»Meinst du den Fußballer, mit dem ich zusammen im Heim war?«

»Genau den. Er hat bei einem Kollegen von uns eine Ausbildung als Sportartikelverkäufer angefangen. Es läuft aber nicht so gut. Die beiden sind wie Feuer und Wasser. Wahrscheinlich wird er demnächst vor die Tür gesetzt. Das ist auch der Grund, warum ich anrufe: Du kennst ihn und hast vieles erlebt, was er auch mitgemacht hat. Wenn irgendjemand mit ihm klarkommt, dann du. Würdest du ihn übernehmen, damit er seine Ausbildung bei dir abschließen kann?«

Stimmt. Ich kannte Maradona. Und ich kannte meine Mitarbeiterinnen und Mitarbeiter. Also antwortete ich zunächst nur, dass ich das mit meinem Team besprechen müsste.

Ich dachte zurück an all die Konflikte, die wir im Heim miteinander gehabt hatten – gleichzeitig wollte ich ihm jede nur mögliche

Tür öffnen. Daher fragte ich zwar mein Team, aber ich warb auch stark dafür, dass wir es versuchen sollten. Dabei dachte ich an all die Chancen, die ich selbst bekommen hatte. Ich konnte nichts garantieren, aber ich konnte ihm wenigstens seine Chance geben. Nutzen musste er sie selbst.

Als Maradona mit breitem, gewinnendem Lächeln bei uns im Laden zur Tür hereinkam, wusste ich, dass er sich nicht geändert hatte: Er war derselbe Sonnyboy wie früher – mit den gleichen Aggressionen im Hintergrund. Ich investierte mich in all unsere Lehrlinge, aber besonders in Maradona. Gleichzeitig machte ich meinem Team klar, dass das Ganze anstrengend werden würde und sie sich melden müssten, falls es zu fordernd würde.

Maradona gewann das Team rasch mit seinem Charme. Doch irgendwann bekam ich eines seiner Verkaufsgespräche mit. Er wollte einer Familie mit einer Tochter ein viel zu kleines Fahrrad andrehen. Das Rad war nicht billig – er hätte eine gute Verkaufs-provision dafür erhalten. Nur kurz überlegte ich, einfach weiter-zugehen und ihn machen zu lassen. Aber das konnte und durfte ich nicht. Ich ging dazwischen.

Zunächst ließ sich Maradona wegschicken, und ich schloss das Verkaufsgespräch für ein passendes Fahrrad ab. Doch kurz dar-auf explodierte er – vor Kunden im Laden. Ich schickte ihn nach Hause, damit er sich beruhigen konnte, und im Nachgang klärten wir die Angelegenheit. Für solche Auseinandersetzungen hatten wir einen Supervisor im Unternehmen. Wir besprachen unseren Umgang miteinander und stellten Regeln dafür auf. Doch in der Folge kam es immer wieder zu ähnlichen Konflikten. Letztlich musste ich Maradona kurz vor dem Ende seiner Lehrzeit entlassen. Es ging nicht mehr, das Team konnte ihn nicht mehr mittragen.

In der Berufsschule setzte ich durch, dass er trotz fehlendem Ausbildungsbetrieb zur Abschlussprüfung zugelassen wurde, doch er bestand sie leider nicht.

Ich weiß nicht, was ich hätte anders machen können, trotzdem fühlte es sich wie eine persönliche Niederlage an. Gleichzeitig zeigte mir Maradonas Scheitern, dass mein eigener Erfolg nicht selbstverständlich war. Viele meiner ehemaligen Mitschüler im Heim kamen weder beruflich noch in ihrem Leben auf die Füße, sie gingen einfach unter.

Damals schrieb ich mir meinen Erfolg zum größten Teil selbst auf die Fahne. Immerhin hatte ich gelernt, geschwitzt, gearbeitet und schließlich die Früchte davon geerntet. Doch war das wirklich alles?

Mein Team im Laden hatte die ganze Aktion so gut mitgetragen wie möglich. Es war schon eine großartige Mannschaft. Das ging mir durch den Kopf, als ich an der nächsten Monatsabrechnung saß. Dabei fiel mir zum ersten Mal auf, dass wir als Unternehmen die Angestellten mit dem Bonussystem regelmäßig ungerecht behandelten: Alle Verkäufer gaben ihren Kunden eine Nummer mit an die Kasse, die dort abgescannt wurde. Auf dieser Basis erhielten sie ihre Verkaufsprovisionen. Es waren jedoch immer dieselben, die diese Extrazahlungen bekamen, obwohl andere nicht weniger engagiert waren. Sie arbeiteten nur im Lager oder in der Werkstatt. Das fand ich ungerecht und es regte sich wieder der »Robin Hood« von früher in mir. Daher trommelte ich das Team zusammen und vereinbarte mit ihnen einen anderen Weg. Ich gab die Boni von da an händisch ein und sorgte dafür, dass alle fast die gleichen Beträge erhielten. Das Team war mehr als einverstanden! Was ich hier auf eigene Faust umsetzte, führte das Unternehmen etwas später als Teamprämie für die gesamte Schweiz ein.

Das Teamleben wurde mir immer wichtiger: Wir arbeiteten zusammen, aber wir unternahmen auch etwas gemeinsam, gingen bowlen, aßen zusammen oder machten einen Ausflug. Das Weihnachtsessen bezahlte die Firma – die anderen Treffen zahlte ich selbst, wenn nicht zufälligerweise ein Kunde dafür aufkam...

Einmal fand ich auf dem Kassentresen fünf Hundert-Franken-Scheine, die ein Kunde liegen gelassen haben musste.

»Der wird sich ärgern«, dachte ich und rief die Polizei an.

»Haben Sie einen Tresor?«, fragte mich der Polizist am Telefon.

»Natürlich.«

»Dann verwahren Sie die Scheine bitte darin. Wir vermerken es ebenfalls, dass bei Ihnen Geld gefunden wurde.«

»Und was passiert nun?«, wollte ich wissen.

»Wenn innerhalb von drei Monaten niemand das Geld abholt, gehört es Ihnen.«

Mir war völlig klar, dass am nächsten Tag jemand kommen musste: 500 Franken verliert man nicht einfach. Doch was soll ich sagen? Es kam niemand.

So stockte ich den Betrag nach einem Vierteljahr auf und wir gingen als gesamte Belegschaft in den Europapark.

Manchmal kam das Zusatzgeld auch vom Unternehmenschef selbst. Als Ansporn für die Filialleiter hatte er festgelegt, dass alle, die eine mindestens zehnprozentige Umsatzsteigerung erwirtschaftet hatten, zu einem speziellen Event eingeladen wurden. Sie gehörten für ein Jahr zum Hundert-Prozent-Klub und verbrachten zusammen mit den anderen ein langes Wochenende in Dresden mit eigener Aufführung in der Semperoper oder auf einem Kreuzfahrtschiff auf dem Mittelmeer. Das waren echte Highlights. Zusätzlich gab es eine Bonuszahlung von eintausend Franken. Das war viel Geld, aber nichts im Verhältnis zu den sensationellen Wochenenden.

Ich wurde mehrmals zu diesen Events eingeladen, das Geld aber floss ins Team – denn meine Mitarbeiter hatten einen großen Anteil am Erfolg gehabt.

LIEBE UND FAMILIE

»Wollen Sie die nächstbessere Position in der Firma einfach überspringen und gleich ganz oben einsteigen?«

Das war eine Anfrage, wie man sie in der Regel nur einmal im
Berufsleben erhält – ich bekam sie schon nach drei Jahren. Bisher
erwirtschaftete ich mit sechzehn Leuten drei Millionen Franken
im Jahr. Dann wäre ich mit 450 Mitarbeitern für 100 Millionen
Franken Umsatz zuständig. Früher hätte ich bei dieser Frage sofort
Ja gesagt, doch inzwischen hatte ich eine Freundin und wir über-
legten gerade, zusammenzuziehen. So erbat ich mir erst einmal
Bedenkzeit.

Mein Gehalt würde zunächst kaum steigen, sondern erst nach
zwei Jahren, wenn ich mich eingearbeitet hätte. Trotzdem wollte
ich diese Beförderung, und meine Freundin war einverstanden,
auch wenn das einen Umzug aus Luzern in die Ostschweiz bedeutete.

Mit meiner Zusage wurde ich mit 27 Jahren der jüngste Gebietsverkaufsleiter im gesamten Konzern. Trotzdem wurde ich
von dem Gefühl bestimmt: Das habe ich verdient. Ich bin einfach
gut in meinem Job. Dass ich für mein Dasein als Chef und auch
für eine gelingende Beziehung noch nicht reif genug war, ahnte
ich damals nicht.

Zunächst einmal wurden meine Freundin und ich jedoch vom Schwung der Veränderung mitgerissen. Wir zogen nach Wil in die Ostschweiz, mieteten unsere erste gemeinsame Wohnung, und ich arbeitete mich in meine neue Verantwortung hinein. Da gab es manche Schwierigkeiten. Als Filialleiter in meinem eigenen Geschäft hatte ich immer in Personal investiert, weil ich der Meinung war, dass sich gute Leute bald bezahlt machten. Jetzt musste ich zu ehemaligen Kollegen gehen und ihnen in der gleichen Situation sagen: »Vorsicht. Behalte deine Personalkosten im Blick.« Und ich wusste, dass sie wussten, dass ich in meiner Filiale ebenfalls hohe Löhne gezahlt hatte.

Ans Prestige des Chefseins hatten meine Freundin und ich uns schnell gewöhnt, doch zunächst bekam ich zwar einen VW Passat als Dienstwagen und eine goldene Kreditkarte, aber kaum mehr Geld. Das sollte erst später fließen. Bis dahin legte ich voller Elan los: Ich wollte nicht ein Gebietsverkaufsleiter unter mehreren sein, sondern der beste und baute meinen Bereich dementsprechend um. Die Folge war eine hohe Fluktuation der Mitarbeiter: Manche gingen, weil sie nicht mit mir klarkamen, andere »ging« ich, weil ich nicht mit ihnen zurechtkam. Doch schon bald stimmten die Zahlen. Nur dass ich dafür viel zu viel arbeiten musste und es Tage gab, nach denen ich mich nicht guten Gewissens im Spiegel anschauen konnte. Das Teamverständnis und Denken für meine Mitarbeiter, das ich in Sursee entwickelt hatte, passte scheinbar nicht zu meinem neuen Job. Damals wollte ich nicht wahrhaben, wie wichtig Werte sind. Meine Werte befanden sich jetzt auf meinem Konto. Keine Frage: Ich veränderte mich, und nicht zum Guten.

Als mein Gehalt nach zwei Jahren einen Sprung nach oben machte, heirateten wir. Irgendwie war es zu dieser Zeit typisch für uns beide, dass wir dabei mehr scheinen wollten, als wir waren, also musste die Hochzeit gigantisch sein, denn ich war ja immerhin Gebietsverkaufsleiter. Das Büfett war vom Feinsten, die Gäste bekamen eine Hotelübernachtung spendiert, und auch ein Schiffsausflug gehörte zum Programm. Damit wir so feiern konnten – standesgemäß, dachte ich –, musste ich einen Kredit über 50 000 Franken aufnehmen.

Ich verdiente zwar viel, doch eines hatte ich noch nicht verstanden. Auch mit einem großen Einkommen landet man in der Schuldenfalle, wenn man permanent 110 Prozent ausgibt. Wir hatten zum Beispiel eine herrliche Viereinhalbzimmerwohnung in Wil, aber wir zogen trotzdem in eine andere Wohnung um, die noch viel größer und schöner war. Sie bot jeden erdenklichen Luxus und lag dort, wo die Reichen der Stadt ihre Wohnungen hatten.

Jetzt mähte ich nicht mehr selbst den Rasen, sondern ein Gärtner war dafür zuständig. Gleichzeitig litten wir darunter, dass normale nachbarschaftliche Kontakte kaum möglich waren – weder für uns noch für unsere Tochter, die ein paar Wochen später zur Welt kam. Als Jana etwas älter war, versuchte sie oft, bei den Nachbarn zu klingeln und mit deren Kindern zu spielen, aber das war in unserem noblen Wohnviertel nicht üblich. Immer wieder kam sie frustriert zurück.

Jahrelang lebten wir den hohen Lebensstandard unserer Umgebung einfach mit. Mir machte das zunehmend Mühe, aber meine Frau hatte sich daran gewöhnt. Wir arbeiteten beide, und ich verdiente sehr gut, aber für diesen Lebensstil verdiente ich nicht genug. Unsere Schulden stiegen von Monat zu Monat.

»Du, Schatz, ich liebe dich« – Sätze wie dieser fielen immer seltener bei uns. Stattdessen gingen unsere Gespräche darum, wie wir mehr Geld verdienen könnten – weniger auszugeben stand kaum zur Debatte. Meine Frau floh aus dieser Situation, indem sie etwas anschaffte, ich, indem ich noch mehr arbeitete. Manchmal übernachtete ich nach meinen Fahrten fürs Geschäft irgendwo im Hotel, nur um nicht zu Hause zu sein. Ich ging auch fremd in dieser Zeit. Eigentlich war unsere Ehe längst am Ende.

Keine Frage: Wir litten aneinander. Doch unsere Tochter Jana litt noch viel mehr. Eine ganze Weile dachte ich, es würde ihr helfen, wenn wir uns nicht scheiden ließen. Wenigstens ihr sollte es gut gehen. Ich stand immer wieder kurz davor, einfach auszuziehen, doch Jana hielt mich. Natürlich hatte das auch mit meiner eigenen Biografie zu tun – ich wollte auf keinen Fall, dass unsere Familie auseinanderbrach –, aber je länger es dauerte, desto mehr wurde mir bewusst, dass ich etwas zusammenhielt, was schon zerbrochen war.

An meine ursprüngliche Familie erinnerte mich ein Anruf, den ich eines Abends erhielt.

»Grüezi, spreche ich mit Markus Walther?«

»Ja, wer will das wissen?«

Der Mann am anderen Ende nannte seinen Namen und fragte: »Haben Sie einen Bruder, der Andreas Walther heißt?«

»Ja.« Ich zögerte. »Ist etwas passiert?«

»Allerdings. Es wäre gut, wenn Sie bald im Kantonsspital Luzern vorbeikommen könnten. Ihr Bruder hatte einen schweren Unfall.«

Gleich am nächsten Tag fuhr ich hin. Andy lag mit einem dicken Kopfverband im Krankenhausbett. Der Ausblick aus seinem Fenster war sensationell. Das Spital lag auf einem Berg und die Stadt unterhalb zeigte sich von ihrer schönsten Seite, dahinter leuchteten der Pilatus als Luzerner Hausberg und die Emmentaler Alpen. Andy sah jedoch nichts davon. Seine Augen waren geschlossen. Er war nicht bei Bewusstsein.

Der Arzt, der mich angerufen hatte, trat mit mir an sein Bett und erklärte mir, was geschehen war: »Ihr Bruder war mit Freunden in der Stadt, um zu feiern. Auf einer steilen Treppe muss er ins Stolpern gekommen und kopfüber hinuntergefallen sein. Dabei hat er sich mehrere Schädelfrakturen zugezogen. Auch der präfrontale Cortex wurde geschädigt.«

»Können Sie mir auf Deutsch sagen, was das bedeutet?«

»Sehen Sie diese Verformung des Kopfes? Das Hirn Ihres Bruders wurde stark geschädigt. Es ist nicht möglich, dass das wieder ausheilt. Stellen Sie sich bitte darauf ein, dass Ihr Bruder schwerbehindert sein wird, wenn er wieder ganz da ist.«

Das waren klare Worte. Mir schossen die Tränen in die Augen.

Von jetzt an fuhr ich mehrmals in der Woche nach der Arbeit die anderthalb Stunden von Wil nach Luzern, um Andy zu besuchen. Beim Hochfahren auf seine Station dachte ich daran, dass ich im gleichen Aufzug gefahren war, nachdem mein Kopf unter das Hinterrad des Traktors gekommen war. Ich hatte wie er keine Chance gehabt, aber letztlich war alles wie durch ein Wunder gut geworden.

Bald schon war Andy wieder bei sich, erkannte mich, und wir konnten etwas miteinander reden. Allerdings ging es langsamer als sonst, und wir sprachen hauptsächlich über die Vergangenheit und das, was wir gerade vor Augen hatten.

Nach ein paar Tagen bat ich ihn um seinen Wohnungsschlüssel. »Ich will mal schauen, was sich an Rechnungen im Briefkasten sammelt«, meinte ich. »Nicht, dass du noch mehr Schwierigkeiten bekommst.«

Wenn ich gewusst hätte, welche Probleme auf mich warteten, hätte ich mir das noch einmal überlegt! Wir hatten uns seit meiner Hochzeit nicht mehr gesehen, so war ich bisher weder in seiner Wohnung gewesen noch wusste ich, was er gerade arbeitete.

Die Unterlagen auf seinem Küchentisch schufen Klarheit. Er hatte seine Stelle als Busfahrer gekündigt, um sich als Lkw-Fahrer selbstständig zu machen. Er war noch nicht als Selbstständiger krankenversichert – der Antrag lag ohne Unterschrift auf dem Tisch –, aber bereits nicht mehr als Angestellter. Er hatte einen Lkw bestellt und außerdem seine Wohnung gekündigt.

Ich hätte schreien können. Gleichzeitig war mir klar, dass ich alles Menschenmögliche für meinen Bruder tun würde.

Glücklicherweise war er inzwischen so weit wiederhergestellt, dass er mich als Beistand einsetzen konnte – so hatte ich die Vollmacht, in seinem Namen zu handeln. Zuerst aktivierte ich seine alte Krankenversicherung, da diese bis zu einem Monat nach der Kündigung noch weiterlief – und der war fast vergangen. Dann konnte ich glücklicherweise den Lkw aufgrund eines Fehlers im Vertrag zurückgeben. Und schließlich organisierte ich mithilfe von ein paar Freunden und alten Bekannten den gesamten Umzug in Andys neue Wohnung.

All das dauerte Monate. Und es fand für mich neben einem stressigen Arbeitsalltag statt.

Währenddessen wurde Andy entgegen allen ärztlichen Prognosen wieder gesund. Die zerstörten Teile seines Gehirns konnten sich nicht regenerieren, aber andere übernahmen deren Aufgaben, und ich konnte schon wieder witzeln: »Man merkt gar keinen Unterschied zu früher – da warst du auch schon langsam.«

Doch wir konnten nicht nur zusammen lachen, wir stritten auch. Eines Tages bekamen wir uns richtig in die Wolle. Ein Wort ergab das andere, Andy behandelte mich ungerecht, ich reagierte empfindlich, und das Ende vom Lied war, dass ich die Tür zu seinem Stationszimmer mit einem donnernden Knall zuwarf und ging. Auf der Heimfahrt trat ich das Gaspedal bis zum Wagenboden durch.

»Lass mich raten: Ihr habt euch gestritten«, begrüßte mich meine Frau in unserer Wohnung.

»Und wie. Andy ist für mich gestorben.«

»Du fährst also morgen nicht wieder nach Luzern?«

»Nein. Auf keinen Fall.«

»Dann kannst du ja mit zu der Dinnerparty bei Bergers kommen.«

Ich seufzte. Ich war vom Regen in die Traufe geraten.

Beruflich lief es gut. Ich war viel unterwegs, hatte einen großen Handlungsspielraum, besaß das Vertrauen meiner Vorgesetzten und die Achtung der Filialleiter. Bei diesen stand ich regelmäßig in der Ladentür – mal angemeldet, mal überraschend. So lernte ich Evelyn kennen.

Eines Tages kam ich unangemeldet in eine meiner Filialen. Die Leiterin war nicht da, dafür stand eine bildschöne, leicht dunkelhäutige Frau hinter der Kasse.

»Wie kann ich Ihnen helfen?«, fragte sie mich freundlich.

Ich stellte mich als Gebietsleiter vor.

»Die Chefin ist leider unterwegs. Heute können Sie sie wahrscheinlich nicht mehr antreffen.«

»Und wer sind Sie?«

Evelyn erklärte, dass sie noch in der Ausbildung wäre, und ich beschloss, sie zu testen.

»Dann sagen Sie mir doch einmal, was bei Ihnen gerade so passiert. Wie viel Umsatz haben Sie gestern gemacht? Wie viele Paar Schuhe verkauft?«

Ob sie das wüsste? Es war unwahrscheinlich.

Sie bemühte nicht einmal den Computer, das konnte sie mir direkt sagen.

Ich war beeindruckt und lobte: »Sie wissen ja mehr als eine Filialleiterin.«

Von nun an war ich in dieser Filiale häufiger als in den anderen – und das lag nicht an der Leiterin.

Zu Beginn war ich für Evelyn einfach der seltsame Typ aus der Firmenleitung, aber das änderte sich im Laufe der Zeit. Ich fand sie sehr nett und sie mich im Laufe der Zeit auch. Eine Beziehung suchte ich trotzdem nicht. Ich war immerhin gerade dreißig geworden und sie war erst zweiundzwanzig.

Als sie ihre Ausbildung abgeschlossen hatte – und zwar mit Bestnoten –, bestürmte sie mich bei einem meiner nächsten Besuche: »Ich will Filialleiterin werden.«

Ich vertröstete sie: »Sie sind noch zu jung. Sammeln Sie erst einmal Erfahrung.«

Immer wieder hakte sie nach und bat mich, mich für sie einzusetzen.

»Ich kann nichts verteilen, was ich nicht habe«, erklärte ich ihr. Aber ich bot ihr eine Aufgabe bei meiner Frau an, die in der Firma für die Lehrlingsausbildung zuständig war: »Engagieren Sie sich doch erst einmal für andere Lehrlinge. Da lernen Sie viel und stehen immer wieder vor Menschen. Das hilft Ihnen auf jeden Fall weiter.«

Evelyn kam zwar mit dieser Aufgabe klar, aber nicht mit meiner Frau. So beendete sie die Tätigkeit. Als wir uns das nächste Mal begegneten und sie mich wegen einer Filialleitung fragte, wurde ich sauer.

»Wenn Sie wirklich so gut sind, wie Sie sagen: Da ist die Tür. Niemand hält Sie. Sie können jederzeit gehen.«

Ich dachte, damit hätte ich sie in die Schranken gewiesen, aber am nächsten Tag kündigte sie. Sie wechselte zu einer anderen Kette von Schuhgeschäften und wurde dort innerhalb eines Jahres Filialleiterin. Nun hatten wir zwar nichts mehr miteinander zu tun, aber ich versuchte dennoch, sie im Blick zu behalten.

Eine Weile später wollten wir in einem neuen Einkaufszentrum in Zürich eine weitere Filiale eröffnen. Das gehörte zu meiner Region, also suchte ich eine Leitung aus den eigenen Reihen, die übrigen Stellen schrieb ich aus. Bald schon hatte ich die ersten Bewerbungsmappen auf dem Schreibtisch liegen. Und das Gesicht, das mir vom Foto der obersten Bewerbung entgegenblickte, kannte ich gut: Evelyn. Schon wieder konnte ich nicht mit der Filialleitung dienen, aber ich fand einen Kompromiss: Ich bot ihr die Stellvertretung an – mit einem unverschämt guten Gehalt. Damit verdiente sie als Stellvertreterin bei mir besser als in ihrer jetzigen Leitungsposition. Sie nahm an.

Ein Vierteljahr später wurde eine Leitungsstelle frei – ausgerechnet in der Filiale, in der Evelyn damals ihre Ausbildung gemacht hatte. Der Wechsel dorthin war allerdings nicht leicht für sie. Einige aus der alten Belegschaft kannten sie noch als Lehrling und wollten sie nicht als Chefin akzeptieren. Deshalb berief ich eine Teamsitzung ein und erklärte den anderen sehr deutlich, dass ich voll hinter ihr stünde: »... und wer ein Problem mit ihr hat, hat in Wirklichkeit eines mit mir. Haben wir uns verstanden?« Danach funktionierte es, und Evelyn war dankbar für meine Unterstützung.

Nun hatten wir wieder regelmäßig miteinander zu tun. Einmal besuchten wir zusammen eine Mieterversammlung des Centers, wo ihr Ladengeschäft war. Es war einer dieser Pflichttermine, die keinem Spaß machen, aber die einfach sein müssen. Wenigstens saß ich nicht allein dort, sondern sie war dabei.

Zwischendrin kamen wir miteinander ins Gespräch und ließen uns kaum durch die Beiträge von vorne stören. Ich hatte nur Augen für die wunderschöne Frau an meiner Seite und merkte, dass sie mir überhaupt nicht gleichgültig war.

Doch was hielt sie von mir? Während wir uns kennenlernten, hatte ich mich ziemlich unmöglich verhalten. Ob sie inzwischen besser von mir dachte?

EVELYN, Mecks Frau, erzählt:
Ich habe relativ bald gemerkt, dass Meck mir nicht egal war. Er kam in unsere Filiale wie ein Löwe – ruhig, stark und fast Furcht einflößend. Die anderen im Geschäft empfanden das genauso, aber sie hatten Angst vor ihm. Ich habe ihn für sein Auftreten bewundert. Er war dominant und streng, aber sachlich – das hat mir imponiert. Gleichzeitig hatte ich den Eindruck: Das ist nicht alles. Dieser Mann hat ein weiches Herz. Besonders deutlich wurde das für mich, als er sich später bei den Startschwierigkeiten in meiner neuen Filiale ganz klar auf meine Seite stellte. Langsam habe ich mich immer stärker in ihn verguckt.

Als wir mehr miteinander zu tun hatten, entdeckten wir einige Gemeinsamkeiten: Wir lebten beide in schwierigen Beziehungen. Es imponierte mir, dass er sich wegen seiner Tochter nicht scheiden lassen wollte. Lieber würde er ein trauriges Leben führen, als dass sie so eine schlimme Kindheit erleben müsste wie er. »Er ist ein guter Mensch«, dachte ich.

Bevor wir gemeinsam zur Mieterversammlung gingen, hatten wir einiges zur Situation der Filiale zu besprechen. Mittags setzten wir das Gespräch in einem kleinen Restaurant in der Nachbarschaft fort. Beim Essen schaute mein Chef mich immer wieder mit seltsamen Blicken an, und als mir das bewusst wurde, spürte ich, wie mich eine Hitzewelle durchströmte. Normalerweise ist meine Haut dunkel genug, dass man davon nichts bemerkt, aber jetzt war ich mir nicht so sicher.

Hastig stand ich auf und meinte, dass ich schnell noch ein paar Unterlagen aus dem Laden holen müsste. Das tat ich auch und tatsächlich kühlte ich mich auf dem Rückweg etwas ab. Doch als ich ins Restaurant zurückkam, war es so wie zuvor. Und mein Chef schaute mir auch noch direkt ins Gesicht. »Haben Sie sich geschminkt?«, fragte er. »O nein, ich glaube, ich bin nur etwas erhitzt«, antwortete ich. Er muss sich seinen Teil gedacht haben.

Abends nach der Versammlung standen wir noch vertraut zusammen – es fühlte sich ganz selbstverständlich an.

Er fragte: »Haben Sie danach noch etwas vor?«

»Nein, nichts. Ich wollte gleich nach Hause.«

»Hätten Sie Lust, noch eine Kleinigkeit zu trinken?«

»Ja, gern.«

So verbrachten wir nach der langweiligen Sitzung noch einen schönen Abend zusammen, und am Schluss brachte er mich nach Hause.

Evelyn und ich trafen uns von nun an regelmäßig. Dabei erfuhren wir voneinander, dass wir zwar beide vergeben waren, aber gerade große Schwierigkeiten mit unseren Partnern hatten. Wir zeigten Verständnis füreinander und gaben uns gegenseitig Tipps, wie wir im Umgang mit unseren Lebensgefährten etwas verändern könnten. Und wir hörten immer mehr aufeinander.

So wuchs unser Miteinander. Aus Verständnis wurde Freundschaft und schließlich Liebe – zu einer Zeit, als ich offiziell noch verheiratet war.

Mittlerweile wurde unsere finanzielle Situation daheim immer angespannter. Wir hatten um die 90 000 Franken Schulden angehäuft – trotz meines guten Verdienstes. Deshalb musste ich irgendwann den peinlichen Gang zu meinen Chefs antreten und um einen firmeninternen Kredit bitten. Ein Finanzleiter half mir mit 25 000 Franken aus – ohne dieses Geld hätte ich Privatinsolvenz anmelden müssen.

Ganz praktisch bedeutete unsere Finanzknappheit, dass ich morgens aus unserer Luxuswohnung in die Tiefgarage ging, mich in meinem guten Anzug in ein edles Auto setzte und zu einer der Filialen fuhr, die ich betreute. Doch ich musste etwas weiter entfernt parken, da, wo man kostenlos stehen konnte, denn ich hatte noch nicht einmal genug Münzen für die Parkuhr.

Schlimmer war nur noch, dass das niemand wissen durfte. Ich musste es unbedingt verheimlichen. Schließlich gingen alle davon aus, dass Meck nur so im Geld schwamm. Wenn unser Kontostand öffentlich würde, hätte mir das nicht gefallen – und meiner Frau ebenso wenig. Mit ihr stritt ich nicht einmal mehr wegen des Geldes. Ich war nur noch verzweifelt.

Sicher ging es uns so wie vielen anderen Paaren auch – die gemeinsame Grundlage war weg. Ich fühlte mich einsam, unverstanden und irgendwie leer. Was blieb, waren ein paar schöne Erinnerungen, aber die schlechten überwogen, und der Alltag wurde immer anstrengender.

»Daran wird sich nichts mehr ändern!«

Dieser Gedanke fuhr mir eines Abends durch den Kopf, als ich allein zu Hause war, aber er löste keine Verzweiflung mehr aus. Stattdessen ging ich ins Schlafzimmer an den Kleiderschrank und packte meine Sachen in einen Koffer. Ich ging.

Ich wusste, dass ich Jana damit wehtun würde, aber ich verletzte sie durch mein Bleiben genauso.

Gleichzeitig war dieses Gehen das Eingeständnis, dass meine Ehe gescheitert war. Mein Weggehen würde nichts zerstören, denn unsere Familie war bereits kaputt. Und es tat mir unendlich gut, dass ich endlich eine Entscheidung getroffen hatte.

Ich hatte das Klicken der sich schließenden Wohnungstür noch im Ohr, doch für mich war hier keine Tür zugefallen, sondern es hatte sich eine geöffnet. Zum ersten Mal seit Langem fühlte ich mich frei.

Ich atmete tief durch. Ich gab Gas und fuhr los ... aber wohin? Wo sollte ich diese Nacht und alle weiteren Nächte schlafen?

So richtig sich mein Gehen anfühlte, so wenig hatte ich über die Konsequenzen nachgedacht. Ich griff zum Handy.

»Evelyn, kann ich bei dir übernachten?«

»Das ist etwas kompliziert, Meck. Ich bin nicht zu Hause.«

»Wo bist du denn? Ich könnte dich abholen.«

»Das glaube ich kaum. Ich bin mit meiner Mutter im Urlaub in unserer alten Heimat, in der Dominikanischen Republik.«

Ich schluckte.

»Aber ich glaube, ich weiß eine Lösung.«

Evelyn rief eine Nachbarin an, bei der sie einen Ersatzschlüssel deponiert hatte. Den holte ich ab und schloss ihre Wohnungstür auf. Als Evelyn aus dem Urlaub zurückkam, wohnte ich schon bei ihr – damals ahnte ich noch nicht, dass es ein Umzug für immer war.

EVELYN, Mecks Frau, erzählt:

Als Meck mich im Urlaub anrief und fragte, ob er bei mir wohnen könnte, dachte ich nur: »Das geht doch nicht.« Ich schlug ihm vor, zu einem Freund zu ziehen – »Ich habe keinen« – oder zu einem Arbeitskollegen – »Zu denen kann ich nicht kommen«. Schließlich erlaubte ich ihm, übergangsweise bei mir einzuziehen: »Du kannst bei mir übernachten, bis ich zurückkomme. Dann ziehst du wieder aus.«

Meine Mutter war mit im Urlaub. Sie hatte zwar mitbekommen, dass ich länger telefonierte, aber ich konnte ihr unmöglich verraten, worum es ging. Als wir von der Dominikanischen Republik zurückkamen, wusste sie immer noch nichts. Mein Bruder holte uns vom Flughafen ab und brachte uns nach Hause – mich zuerst.

Wir bogen in die Straße ein, und er hielt vor dem Haus.

»Warum brennt in deiner Wohnung Licht?«, wollte meine Mutter wissen.

»Oh, vielleicht habe ich vergessen, es auszumachen. Oder die Nachbarin hat es angelassen, als sie die Blumen gegossen hat.«

Sie glaubte mir kein Wort.

Ich wollte mich verabschieden, aber mein Bruder widersprach: »Ich trag deinen Koffer hoch.«

»Das kann ich selbst tun.«

»Nein!«

Auf dem Weg nach oben hakte er nach.

»Wer ist oben in deiner Wohnung?«

»Der Chef meines Chefs.«

»Seid ihr zusammen?«

»Verliebt bin ich schon, aber zusammen sind wir nicht.«

Kurz darauf stand Meck vor uns. Auch meine Mutter kam in die Wohnung und
musterte ihn sehr kritisch. Sie hatte Angst um mich, ihre einzige Tochter. Und
sie fürchtete, dass er nur ein schnelles Abenteuer bei mir suchen würde.
Nachdem mein Bruder und meine Mutter gegangen waren, wiederholte ich
noch einmal: »Das ist nur übergangsweise.«

Diese Übergangszeit dauert jetzt schon vierzehn Jahre!

Auch wenn ich sehr spontan ausgezogen war, wollte ich meine
Familie nicht im Regen stehen lassen. Jana und meine Frau blieben in der Wohnung, und ich bezahlte nach wie vor die anfallenden
Rechnungen. Damit änderte sich kaum etwas an meiner finanziell
angespannten Situation, denn die Ausgaben wurden nicht niedriger. Irgendwann trafen wir dann eine Trennungsvereinbarung
und beschlossen, uns scheiden zu lassen. Bis zum eigentlichen
Scheidungsprozess dauerte es allerdings noch vier Jahre, und das
war eine fürchterliche Zeit.

Natürlich wollte ich für Jana aufkommen, doch dass von meinem guten Gehalt kaum etwas für mich selbst übrig blieb, hatte
ich nicht erwartet. So half Evelyn mir oft finanziell aus. Das war
mir unglaublich peinlich, und ich schämte mich regelrecht, dass
ich als Topverdiener von ihr Geld annehmen musste.

Jana selbst war auch zerrissen durch das Hin und Her zwischen
uns Eltern. Die meiste Zeit lebte sie bei ihrer Mutter, aber jedes
zweite Wochenende und ab und zu während der Ferien war sie
bei Evelyn und mir. Damals funktionierte das allerdings nicht gut.

Evelyn und Jana taten sich sehr schwer miteinander, und ich hatte auch große Mühe mit der Situation. Jana war zu stark verletzt.

Das größte Problem schuf ich mir allerdings selbst. Trotz aller Schwierigkeiten hatte ich noch nicht mit meiner Vergangenheit abgeschlossen. Als ich einmal bei meiner Ex-Frau war, um etwas mit ihr zu besprechen, knisterte es zwischen uns wie am Anfang. Erst fühlte es sich ganz normal an, dass wir miteinander schliefen, doch im Nachhinein schämte ich mich unendlich dafür: Ich hatte meine neue Freundin mit meiner ehemaligen Frau betrogen.

Hätte ich es verheimlichen sollen? Hätte ich es gekonnt?

Ich sagte es Evelyn und sie explodierte. Sie schrie mich an und warf mich hinaus.

Wir redeten, wir weinten, und am Ende lagen wir uns in den Armen.

Bis ihr Vertrauen wieder gewachsen war, dauerte es eine ganze Weile, aber sie hatte sich tatsächlich dazu entschieden, es noch einmal mit mir zu versuchen. Ich war sehr glücklich darüber, irgendwie wussten wir beide, dass wir zusammengehörten.

Erst später erfuhr ich, dass Evelyns Reaktion auch etwas mit Gott zu tun hatte. Er hatte ihr ein Bild offenbart. Sie war wie ein Leuchtturm und sollte mir den Weg zeigen. Und Wegweisung hatte ich bitter nötig.

Während dieser Zeit hatte ich den Eindruck, dass mir alles über den Kopf wuchs. Ich wusste zwar, dass ich seit Jahren über meine Verhältnisse gelebt hatte, doch jetzt brach im Laufe von wenigen Wochen alles weg, was meinem Leben Halt oder auch nur den Anschein von Normalität gegeben hatte.

Die Situation im Unternehmen wurde immer schwieriger. Unabhängig von meiner persönlichen Lage gab es Gerede, Intrigen,

Abmahnungen, Gespräche und Angebote. Vieles ging drunter und drüber. Letztlich ging ich zum Personalchef und wir einigten uns auf eine Vertragsauflösung. So wie bisher konnte und wollte ich nicht weiterarbeiten. Mit einem der damals Verantwortlichen bin ich bis heute befreundet. Er drückte es einmal so aus: »In meiner Karriere gab es einige Entscheidungen, die falsch waren – und ich musste sie trotzdem treffen.«

Damals kam ich mir vor wie ein Bauernopfer der Firmenpolitik. Es ärgerte mich immens, zu gehen. Als ich in den folgenden Gesprächen eine lächerlich geringe Abfindung angeboten bekam, lehnte ich daher ab und forderte ein Mehrfaches der genannten Summe.

Der Finanzleiter schluckte und erwiderte: »Das kann ich nicht entscheiden.«

»Dann rufen Sie den Chef an.«

Er tat es. Der Chef wurde so laut am Telefon, dass auch ich ihn verstehen konnte.

»Ist der wahnsinnig geworden? Wir sind hier doch nicht auf dem Basar!«

»Nein«, antwortete ich. »Ich stelle mir nur vor, wie schlecht die Firma bei einem Gerichtsverfahren aussehen würde.«

Ich bekam meine Abfindung und sie half mir dabei, meine Eheschulden abzutragen. Evelyn verstand zwar nicht, wieso ich allein dafür aufkommen sollte – und wir hätten das Geld auch gut gebrauchen können –, aber ich wollte diese Schulden unbedingt loswerden. Danach ging es mir besser.

Die ersten Wochen ohne Arbeit genoss ich. Sie waren wie mein längst überfälliger Urlaub. Doch dann kehrte ich in Gedanken an die Arbeit zurück. Ich stand morgens früh auf, frühstückte mit Evelyn und brachte sie zur Arbeit. Danach fuhr ich zurück nach Hause, informierte mich über mögliche Stellen und schrieb Bewerbungen. Neun Monate lang. Zweiundachtzig Bewerbungen.

Solch eine Bewerbungsphase ist eine gute Zeit, um sich selbst kennenzulernen – jedenfalls im Nachhinein. Ich musste mir darüber klar werden, was ich in Zukunft wollte, was ich konnte und was nicht. Und ich musste damit leben, dass Bewerbungen nach den Regeln des Marktes stattfinden: Nicht immer passen Angebot und Nachfrage zusammen. Topangebote erschienen nur sehr selten bei den Stellenanzeigen, und wenn ich mich irgendwo als Filialleiter bei einer Firma bewarb, erhielt ich in der Regel Absagen mit der Begründung »Überqualifiziert« oder den Hinweis: »Wir sind uns sicher, Ihren Gehaltswünschen nicht entsprechen zu können.«

Das Arbeitsamt unterstützte mich nur mittelmäßig, allerdings boten sie mir ein Bewerbungscoaching an, das ein externer Dienstleister durchführte. Davon profitierte ich sehr stark.

Erst einmal war es gut, Zeit zu haben, mir Gedanken über meine Zukunft zu machen und keine Verantwortung zu tragen, doch das Ganze zog sich in die Länge. Schließlich bewarb ich mich bei einem Schuhhändler auf eine Stelle als Regionalleiter. Es war dieselbe Firma, in der Evelyn zwischendrin gearbeitet hatte. Ich wurde zum Gespräch eingeladen und erhielt den Job, eine Bereichsleitung mit der Option zur Beförderung, wenn es gut lief.

Das war ein Neustart für mich. Ich wurde ins kalte Wasser geworfen und bekam nur eine Woche Einarbeitungszeit. Manches lief anders, als ich es gewohnt war, aber das war für mich in Ordnung. An Gedanken wie diesen merkte ich nur, dass ich emotional noch stark an meiner alten Firma hing – elf Jahre vollen Einsatz streift man nicht einfach ab.

Meine Beförderung schien schneller zu kommen als erwartet. Über den »Flurfunk«, den jede Firma hat, erfuhr ich, dass mein direkter Vorgesetzter demnächst gehen musste. Das wussten einige, ich eingeschlossen, aber er selbst wusste es noch nicht. Ich bewarb mich intern für seinen Posten, hörte aber, dass bereits ein anderer dafür vorgesehen war. Deshalb wurde ich sehr misstrauisch, als ich bald danach einen Anruf erhielt: »Wir freuen uns, wenn Sie den Posten übernehmen – zunächst einmal übergangsweise und noch zu Ihrem alten Gehalt.«

Wollten die mich für dumm verkaufen? Sollte ich die billige Übergangslösung sein, bis der eigentliche Kandidat angestellt würde?

Auch mein eigenes Verhalten gefiel mir nicht. Natürlich konnte ich meinen Vorgesetzten nicht retten, wenn die Chefetage ihn ersetzen wollte, aber dass ich mich hinter seinem Rücken um seine Stelle beworben hatte, erschien mir im Nachhinein unsauber.

Nach wie vor war mein größter Wert, Geld zu verdienen, doch in diesem Umfeld wollte ich nicht länger arbeiten.

Zur selben Zeit suchte ein Möbelhändler einen Regionalleiter. Ich rief an, bewarb mich und ging zu einem Vorstellungsgespräch. Sie waren sehr interessiert und fragten: »Können Sie in den nächsten Tagen noch einmal zu einem Gespräch kommen?«

Das hätte ich einrichten können, aber ich wollte mich ein wenig interessanter machen.

»Diese Woche passt mir nur noch morgen – um 7 Uhr in der Frühe.«

»Einverstanden.«

»Gut, dann bis morgen um 7 Uhr.«

Das Treffen verlief sehr gut, und ich unterschrieb direkt den Vertrag. Danach ging ich zur Arbeit. Als ich am Schreibtisch saß, rief ich den Personalleiter an, der mir das faule Übergangsangebot gemacht hatte.

»Ich wollte Ihnen nur mitteilen, dass ich kündige. Die schriftliche Kündigung erhalten Sie in den nächsten Tagen.«

Kaum hatte ich aufgelegt, klingelte mein Telefon – ich sollte direkt in die Firmenzentrale kommen. Auf einmal schlug mir eine große Offenheit entgegen. »Ist es wegen des Geldes? Da ließe sich bestimmt etwas machen. Meinetwegen können Sie Ihren neuen Dienstwagen auch sofort bekommen.«

Ich wusste nicht, ob ich lachen oder weinen sollte. Ein offener und ehrlicher Umgang wäre mir lieber gewesen als das wochenlange Taktieren. So meinte ich nur: »Sorry, das ist jetzt zu spät.«

Bald darauf gab ich abends meinen Laptop und die Firmenschlüssel ab. Zwei Tage später begann ich in meiner neuen Firma.

»Möbel sind auch nicht schlecht«, dachte ich mir.

DEN BODEN UNTER DEN FÜSSEN VERLOREN

»So sollte es bleiben. Meinetwegen kann die Zeit jetzt stehen bleiben.«

»Mh, hm«, nickte Evelyn.

»Ich habe zum ersten Mal seit Langem den Eindruck, dass ich angekommen bin – was immer das bedeutet.«

Evelyn strahlte mich an.

Am liebsten hätte ich mich jetzt entspannt zurückgelehnt. Ich staunte jeden Tag neu über diese Frau an meiner Seite, die immer ein Lied auf den Lippen und ein Lächeln im Gesicht hatte. Ich hatte den Eindruck: In ihrem Herzen hat die ganze Welt Platz und zum Glück auch ich.

Vieles lebte sie völlig anders, als ich es gewohnt war. Zum Beispiel stand unsere Tür jedem offen. Und die Menschen kamen auch – für eine Tasse Kaffee, ein Gespräch oder eine Ermutigung, ob das Freunde waren, eine Nachbarin oder der Hausmeister. Auch der Glaube an Gott war für Evelyn selbstverständlicher Teil ihres Lebens. Sie praktizierte ihn allerdings so normal und unaufgeregt, dass ich längere Zeit gar nicht mitbekam, dass sie jeden Morgen mit Gebet begann und auch abends noch mit Gott sprach. Ab und zu fuhren wir gemeinsam in den Kanton Schwyz ins Kloster. Was sich beim ersten Mal noch seltsam anfühlte, wurde ein Stück Normalität. Wir genossen es beide – jeder auf seine Weise.

Beim ersten Mal meinte Evelyn: »Schatz ...«

»Ja, was ist?«

»Fahren wir am Sonntag nach Einsiedeln?«

»Wohin willst du?«

»In das Kloster. Du weißt schon: die große Wallfahrtskirche.«

»Magst du sie besichtigen?«

»Nein, das habe ich schon. Ich möchte dort gern Ruhe tanken und Zeit mit Gott haben.«

»Okay. Meinetwegen. Solange du nicht erwartest, dass ich da zum Beten in die Kirche gehe ...«

Die bekannte Wallfahrtskirche lud immer wieder zu besonderen Gottesdiensten ein. Während Evelyn dort Gott begegnete, genoss ich mehr die Aussicht auf den Sihlsee. Aber auch für mich war Einsiedeln ein besonderer Ort. Ich hatte den Eindruck, dass ich dort meine inneren Batterien wieder aufladen konnte – mit Gott brachte ich das damals allerdings nicht in Verbindung.

Meine neue Arbeitsstelle war sehr herausfordernd. Da die Zentrale des Möbelhändlers in Deutschland war, musste ich zunächst für zwei Monate zur Einarbeitung dorthin. Meine freie Zeit reichte nicht einmal dafür, jedes Wochenende nach Hause zu kommen. Das war allerdings ein schlechtes Timing, denn Evelyn war hochschwanger mit unserem ersten Kind. So musste sie diese Phase fast allein durchmachen. Sie wuchs dabei über sich hinaus, aber als Amanda zur Welt gekommen war, wussten wir beide, dass wir solch eine Trennungszeit nie wieder wollten.

Mein Einstieg begann mit einer großen Umstrukturierung der Firma, und als Regionalleiter hatte ich die undankbare Aufgabe, in jeder einzelnen Filiale den neuen Personalschlüssel zu erklären und umzusetzen. Dies hieß, ich musste mich kurz vorstellen und anschließend fragen: »Wen können Sie am ehesten entlassen?«

Es fühlte sich einfach verkehrt an und viele Filialleiter begegneten mir recht hilflos und fragten: »Wie soll ich das denn machen?«

»Lassen Sie uns mal zusammen schauen«, bot ich an, und dann überlegten und diskutierten wir. Wir versuchten, soweit das möglich war, den familiären und sozialen Hintergrund der Personen zu berücksichtigen. Trotzdem wurden die anschließenden Mitarbeitergespräche heftig für die Betroffenen. Und sie waren heftig für mich. Ich wollte Möbel verkaufen und nicht Mitarbeiter entlassen. So fühlte ich mich wie der Sensenmann, der durch alle Filialen ging. Lieber hätte ich zig Überstunden gemacht, als diesen Auftrag umzusetzen, aber ich hatte keine Wahl.

Donnerstagabend hatte ich alle Gespräche geführt. Ich meldete mich bei meinem Chef und nahm mir den Freitag frei. Und ich konnte mir nicht verkneifen, ihm zu sagen: »Wissen Sie was? Das war die schwärzeste Woche in meiner gesamten Karriere.«

Natürlich verfolgten mich Bilder wie diese. Wenn ich auf dem Nachhauseweg noch einkaufen ging, kam ich manchmal an einem Würstchenverkäufer vorbei. »Der räumt heute Abend einfach seinen Stand ab und macht sich keine Gedanken mehr um das, was den Tag über passiert ist«, dachte ich etwas neidisch und erinnerte mich an meine Zeit als Verkäufer in solch einem Imbiss. Aber zurück wollte ich um keinen Preis!

Und wenn ich nach Hause in unsere Wohnung kam, wusste ich wieder, warum ich im Möbelhaus arbeitete.

Nachdem unsere zweite gemeinsame Tochter Angelina zur Welt gekommen war, beschlossen Evelyn und ich, zu heiraten. Wir peilten den August an, weil es da ziemlich sicher warm und trocken sein würde. Schön sollte die Hochzeit werden, aber eines war uns beiden klar: Verschulden wollten wir uns dafür nicht. So heirateten wir in Dübendorf und feierten etwas außerhalb in einer wunderschönen Trattoria. Mein Vater und die Kinder meiner Schwester waren dabei, Evelyns Familie, unsere Töchter und unsere gemeinsamen Freunde.

Als ich zwischendrin meine Augen schweifen ließ, war ich begeistert von der lockeren und gleichzeitig festlichen Atmosphäre: Das Essen war lecker. Die Gesellschaft war fröhlich. Die Kinder konnten einfach springen und keiner störte sich daran. So hatte ich mir das gewünscht. Wir konnten einfach sein, wer wir waren, und mussten niemandem etwas beweisen. Ich war unendlich dankbar für meine neue Familie.

Die Spannungen in der Firma blieben mir allerdings erhalten. Einmal hatte ich deswegen am Telefon eine lange Auseinandersetzung mit meinem Chef. Ich wurde laut, aber er wurde noch lauter. Als ich den Hörer nach anderthalb Stunden hinlegte, war mir klar: Das war's jetzt. Morgen kommt die Kündigung. Aber das Gegenteil war der Fall – von da an verstanden wir uns.

In den folgenden Jahren arbeiteten wir erfolgreich und gut zusammen. Gemeinsam bauten wir die Schweizer Filialen auf. Später half mir mein Vorgesetzter dabei, meine Aufgaben innerhalb der Firma so zu verschieben, dass die Arbeit besser zu mir passte. Als Expansionsleiter für die Schweiz hatte ich weniger mit den einzelnen Filialen zu tun. Es ging mehr darum, dass ich an günstigen Mietkonditionen für unsere Ladengeschäfte arbeitete, neue Ladenlokale fand und die Verhandlungen dazu führte. Als das in der Schweiz geschehen war, kam aus der Zentrale die Anfrage: »Ab wann können Sie das auch in Österreich umsetzen?«

»Gar nicht.«

»Entschuldigung, ich habe Sie nicht verstanden.«

»Ich habe gesagt, dass ich diese Arbeit in Österreich nicht tun werde.«

Zweimal wurde ich gefragt. Zweimal lehnte ich ab. Ich merkte schon am ungläubigen Schweigen am anderen Ende der Leitung, dass sie mich nicht verstanden. Aber etwas hatte ich aus meiner ersten Ehe und auch aus Evelyns Schwangerschaftszeit gelernt: So wichtig Arbeit ist, ohne Zeit miteinander funktioniert eine Partnerschaft nicht. Inzwischen war auch unser Sohn Alexander auf die Welt gekommen und ich genoss unsere Familie. Ich wollte nicht mehrmals pro Woche auswärts übernachten, und genau darauf wäre es hinausgelaufen. Die Schweiz ist so klein, dass man zur Not von überall noch heimfahren kann, aber aus Österreich ist das kaum möglich.

Das erklärte ich auch dem Firmenchef, der mich kurz darauf höchstpersönlich anrief.

»Was wäre denn Ihr maximaler Rahmen für Auswärtsübernachtungen?«, fragte er.

»Einmal pro Woche«, meinte ich.

»Dann machen wir das so.«

Das war ein unerwartetes Entgegenkommen. Trotzdem wurde mir die Arbeit zu viel, denn ich hatte in der Firma mehrere »Hüte« auf. Dazu kam, dass ich immer wieder einsprang, wenn ein Kollege krank wurde. Einmal musste ich deswegen ein halbes Jahr lang dreißig weitere Filialen mitbetreuen.

Als ich begann, mich nach einer neuen Stelle umzuschauen, bekam der Firmenleiter das irgendwie mit. Er war nicht begeistert und zitierte mich zu sich.

»Mir ist zu Ohren gekommen, dass Sie sich im Einzelhandel bewerben.«

»Nein, das stimmt nicht. Ich habe mich nicht im Einzelhandel beworben.«

Das war die Wahrheit. Ich hatte mich im sozialen Bereich beworben – als Leiter eines Altenheims. Ich lüge nicht, gleichzeitig bin ich überzeugt, dass man nicht jedem alles erzählen muss.

Der Grund für meine Neuorientierung lag für mich auf der Hand: Neben meiner eigenen chronischen Überarbeitung sah ich, dass einige meiner Kollegen in der letzten Zeit kurzfristig hatten gehen müssen. Und bei meiner großen Familie würde uns etwas mehr Sicherheit guttun.

Die erwähnte Stelle im Altenheim hatte ich bereits abgelehnt, weil der Wechsel einen Umzug nach Solothurn bedeutet hätte – und den wollte ich meiner Frau und den Kindern in unserer jetzigen Situation nicht zumuten, denn es hatte sich noch etwas geändert: Bei Evelyn wurde eine seltene Erkrankung festgestellt, die sie schubweise immer wieder lahmlegte.

Erstaunlicherweise zog mir das eher den Boden unter den Füßen weg als ihr. Stundenlang saß ich vor dem Computer und googelte nach den Symptomen, Krankheitsverläufen und Prognosen der Autoimmunerkrankung namens SLE. Wenn wir gemeinsam die Ergebnisse anschauten, sahen wir immer unterschiedliche Dinge. Ich realisierte nur: »Unheilbar«, Evelyn las dagegen: »Gut therapierbar.« Ich las: »Früher starben 80 Prozent der Erkrankten.« Sie las: »Heute sind die Chancen gut.«

Wir bekamen viel Hilfe aus der Nachbarschaft, denn Evelyn war bekannt und beliebt. Wenn es ihr einmal schlecht ging und ich unterwegs war, dann kochte eine Freundin, und die Nachbarin holte die Kinder vom Kindergarten ab.

Trotzdem war auch meine Belastung zu Hause deutlich gestiegen. Ein Reduzieren bei der Arbeit war nicht möglich. Als ich versuchte, die Verantwortung für fünf Filialen abzugeben, bekam ich innerhalb von wenigen Wochen sechs neue dazu. Ich merkte, dass ich meine Kraft schon seit Jahren aus dem »Reservetank« auffüllte, und der war nun nicht mehr vorhanden.

Ausgerechnet jetzt, wo Evelyn mich besonders brauchte, wurde mir alles zu viel. Ich hatte eine unglaubliche Angst vor allem Möglichen. Ich zuckte bei jedem »Bing« meines Handys zusammen. Wenn ich morgens aufstand, war ich bereits nass geschwitzt. Jedes vorbeifahrende Auto war mir zu laut. Ich glaubte, keine Luft mehr zu bekommen.

Als gar nichts mehr ging, ließ ich mich ins Sanatorium Kilchberg überweisen. Evelyn fiel es schwer, das zu verstehen. War ich krank oder hätte ich mich einfach zusammenreißen können? Sie fühlte sich verständlicherweise von mir im Stich gelassen – mit drei Kindern und ihrer Krankheit.

Währenddessen hörte ich in Gedanken immer wieder einen zerstörerischen Satz, der mich beruflich schon eine ganze Weile begleitete: »Burn-out ist keine Krankheit, sondern eine Charakterschwäche.« Meine Diagnose lautete zwar Erschöpfungsdepression und nicht Burn-out, aber hilfreich war der Gedanke trotzdem nicht.

Ein Teil meiner Krankheit war, dass ich allen und jedem misstraute. Überall witterte ich Verschwörungen. Ich war überzeugt: Alle waren gegen mich.

Bei den anderen Patienten, die ich im Sanatorium kennenlernte, meinte ich, ein Muster für ihre Erkrankungen zu entdecken. Meist fehlte ihnen in irgendeiner Form Liebe. Mal die Liebe zu sich selbst, mal die der Eltern oder sie hatten einen Partner verloren. Ich passte nur zu gut zu ihnen.

Gemeinsam gingen wir zu Achtsamkeitsübungen, therapeutischen Gesprächen und Workshops im Sanatorium. Dieser neue Blick auf mich selbst tat mir gut. Er zeigte mir allerdings auch, dass ich krank war und mit dieser Erkrankung umgehen musste. Doch wie sollte der Weg heraus aussehen?

Für mich begann er mit einem Hausmeister. Johannes war ein älterer Mann und arbeitete in der Wohnanlage, wo Evelyn und ich mit unseren Kindern lebten. Ich kannte ihn hauptsächlich von meiner Arbeit im Vorstand der Wohnungsgenossenschaft – Evelyn kannte ihn besser. Für sie war er nicht in erster Linie ein Hausmeister, also jemand, den man übersieht, sondern ein lieber Gast. Wenn er in der Nähe zu tun hatte, öffnete sie das Fenster und rief hinaus: »Magst du auf einen Kaffee reinkommen? Ich habe auch einen Kuchen gebacken.«

Johannes war ein stiller und freundlicher Mann, der uns gern besuchte. Zuerst dachte ich, er würde dies tun, um damit bei mir zu punkten, weil ich als Vorstandsmitglied quasi sein Arbeitgeber war. Unser Kaffee war zwar okay, aber nicht sensationell. Doch dann ging Johannes in Rente, und er kam weiterhin. Ich verstand es nicht und dachte: Das muss er doch jetzt nicht mehr!

Bei einem seiner Besuche saßen wir alle zusammen im Wohnzimmer und Johannes fragte mich: »Liest du eigentlich, Meck?«

»Jaaa«, antwortete ich gedehnt. »Wenn ich mal Zeit dafür finde.«

»Da«, sagte er nur kurz und streckte mir ein Buch entgegen.
»Ich schenk's dir.«

Auf dem Cover war ein hipper Kerl mit Hut abgebildet. »Love
your Neighbour«[1] stand darauf.

»Merci vielmal.«

Abends warf ich einen Blick in das deutsche Buch mit dem
englischen Titel. Ob es etwas mit Nachbarschaftshilfe zu tun hatte?
Ich las: »Gott schreibt seine Geschichte mit Menschen …« – O nein.
Das war ein frommes Buch. Vielleicht war es interessant, aber ich
gab ihm keine Chance. Es landete sofort in der Ecke.

Kurz bevor ich ins Sanatorium ging, hatte ich Geburtstag. Mir
war nicht nach Feiern zumute, aber Evelyn meinte mit ihrer kari-
bischen Mentalität: »Reiß dich zusammen und lächle. An deinem
Geburtstag geht es nicht nur um dich.« So verbrachten wir einen
netten Abend mit Freunden und Nachbarn, auch wenn ich die
Gesellschaft nicht richtig genießen konnte.

Johannes gehörte ebenfalls zu den Gästen. Er überreichte mir
ein kleines Geschenk, ein Buch mit dem Titel »Der Unsterbliche«
von Ali Dini[2]. Schon wieder ein christliches Buch! Ich legte es
zum ersten.

Als ich kurz danach meine Koffer für das Sanatorium packte,
fiel mein Blick auf die Bücher. Ich dachte an langweilige Abende
in einem Krankenhauszimmer und steckte sie sicherheitshalber
ein. Man konnte ja nie wissen.

Im Sanatorium hatte ich allerdings so viel mit mir zu tun, dass ich erst einmal nicht zum Lesen kam. Überraschenderweise kam Johannes vorbei. Er war einer der wenigen, die mich besuchten. Ich erlebte hautnah, dass eine psychiatrische Klinik etwas völlig anderes ist als eine chirurgische Abteilung. Ein gebrochenes Bein ist ein interessantes Gesprächsthema, aber eine psychische Erkrankung? Viele kommen deshalb lieber gar nicht, obwohl ich sagen kann, dass mir jeder einzelne Besucher unwahrscheinlich gutgetan hat.

Johannes traute sich, zu kommen, und er hakte nicht nach: »Hast du die Bücher endlich einmal gelesen?« Trotzdem hatte ich den Eindruck, dass es nicht schaden könnte. So schnappte ich mir an einem schönen Herbsttag das Buch von Ali Dini und begann zu lesen. Der Autor erzählte darin sein Leben – wie er im Iran aufwuchs, als Jugendlicher während der Revolution nur noch mit seiner Kalaschnikow unterwegs war und als radikaler Muslim viel Schlimmes erfuhr, aber auch austeilte. Jahre später kam er wegen Drogenhandels, Zuhälterei und Mord in Bulgarien ins Gefängnis. Dort stellte ihm ein Gefängnispfarrer Jesus vor – und der Glaube an ihn veränderte sein Leben.

Ich verstand das nicht. Ali hatte so viel auf dem Kerbholz. Und Gott sollte ihm einfach vergeben?

Das regte mich auf. Das ging doch nicht! Da stimmte etwas nicht!

Aber ich wurde nachdenklich. Ob Glaube doch mehr sein konnte, als sonntags fromm zu tun und montags Kinder zu misshandeln? Ich war mir nicht sicher.

MIT JESUS AUF
DER BANK

»Meck, stell dir vor, was mir heute passiert ist ...«

So aufgeregt hatte ich meine Frau selten gehört. Nach einer ganzen Weile Funkstille sprachen wir wieder miteinander. Sie hatte gemerkt, dass es mir wirklich schlecht ging, und ich hatte realisiert, wie sehr ich mich um mich selbst gedreht hatte. Jetzt am Telefon klang sie wirklich erschüttert.

»Was ist passiert?«

»Ich war mit den Kindern in diesem neuen Schnellimbiss bei uns um die Ecke. Beim Bezahlen gab es ein Missverständnis, weil ich einen Gutschein nicht rechtzeitig vorgezeigt hatte. Da hat mich der Mann an der Kasse verächtlich angeschaut und laut gesagt: ›Scheißniggerin. Geh doch in den Busch zurück, wo du herkommst.‹ Und er hörte gar nicht auf, mich zu beschimpfen.«

Für die meisten Menschen spielt die Hautfarbe meiner Frau keine Rolle, aber ein paarmal wurde sie deswegen schon dumm angemacht. Etwas so Heftiges hatten wir aber noch nicht erlebt. Ich war so wütend, dass ich völlig ruhig wurde.

Da ich noch im Sanatorium war, stand mir nur mein Smartphone zur Verfügung, doch das nutzte ich. Ich rief bei der Fast-

Food-Kette an, aber nicht in der Filiale, sondern in der Schweizer Zentrale, ließ mich zu der zuständigen Person durchstellen und erklärte, was passiert war. Die Mitarbeiterin am anderen Ende der Leitung nahm den Vorgang zur Kenntnis. Sie erklärte mir, dass sie prinzipiell keine abwertenden oder rassistischen Äußerungen dulden würden.

»Aber genau das ist ja nun passiert«, warf ich ein.

»Ich werde den Restaurantmanager informieren«, meinte sie am Telefon.

Danach hörten wir nichts mehr von ihr. Sehr eilig schien das Ganze nicht zu sein. Ich hätte wenigstens irgendeine Reaktion erwartet, aber es kam überhaupt nichts. Weder Anruf noch Brief, geschweige denn eine Entschuldigung.

Das konnte und wollte ich nicht so stehen lassen. Deshalb rief ich nach ein paar Tagen bei der Presse an. Die Journalistin hörte mir nicht nur zu, sie hakte auch schnell und effektiv nach. Klar, Rassismus war ein Thema für sie. Schließlich meldete sich der Restaurantmanager und entschuldigte sich. Er erklärte mir, dass dem Mitarbeiter, der meine Frau beschimpft hatte, bereits vor Wochen gekündigt worden sei da es schon vorher Probleme mit ihm gegeben hatte. Er habe nur noch seine letzten Arbeitstage dort abgeleistet und sei seit dem Zwischenfall nicht mehr zum Dienst erschienen. Meine Frau würde ihm dort also nicht mehr begegnen. Das würde sie tatsächlich nicht mehr, denn Evelyn hatte jegliche Lust verloren, noch einmal in dieses Lokal zu gehen.

In gewisser Weise tat mir diese Aktion sehr gut, denn ich konnte mich für Evelyn einsetzen und ihr zeigen, dass ich für sie da war und sie liebte, selbst wenn es mir gerade nicht gut ging und ich nicht bei ihr war.

Kurz danach las ich das andere Buch, das Johannes mir geschenkt hatte. Das Thema war tatsächlich so etwas wie Nachbarschaftshilfe – aber eine der besonderen Art. David Togni war ein erfolgreicher Jungunternehmer und er hatte schreckliche Verluste und schwere Krankheit erlebt. Schließlich wollte er sich das Leben nehmen, doch ihn riss eine unsichtbare Hand zurück und er begegnete Gott. Später träumte er von einem hippen Modelabel, das über einen hohen Spendenanteil gleichzeitig Hilfe für Menschen am Rande der Gesellschaft bieten sollte: »Love your Neighbour«.

Ich war gleichzeitig angezogen und abgeschreckt von David Togni. Keine Frage, er war ein Erfolgsmensch. Aber seine Gotteserfahrungen und die verrückten Träume konnte ich einfach nicht nachvollziehen. Erst dachte ich dabei an irgendeinen Hokuspokus, doch je länger ich im Buch las, desto größer wurden meine Augen: »Wie krass ist das denn?«

Es war der 29. September 2018 um 9:30 Uhr. Ich saß auf einer Parkbank beim Sanatorium und genoss die Herbstsonne, hatte das Buch auf dem Schoß und las darin. Seite um Seite blätterte ich um, ich konnte gar nicht mehr aufhören.

Sollte an dieser Sache mit Gott etwas dran sein?

Längst war mir klar, dass es kein frommer Trick war, und mir wurde immer wärmer ums Herz. Und plötzlich verstand ich das Buch, verstand ich David und auch Gott selbst. Was mir erst wie Hieroglyphen erschienen war, hatte plötzlich mit mir zu tun.

Da saß ich nun in Kilchberg auf einer Bank und las von David Togni, der in London für einen Obdachlosen betete, der daraufhin sein Leben Jesus anvertraute. Einen Tag später trafen sie sich wieder. David wollte noch einmal für ihn beten, doch der Obdachlose antwortete: »Ich weiß jetzt, dass der Himmel über mir offen ist. Jetzt bete ich für dich.«

In diesem Moment spürte ich, dass der Himmel auch über mir offen war. Etwas wurde über mich ausgegossen, das ich mir rational nicht erklären konnte. Plötzlich empfand ich bedingungslose Liebe und Glückseligkeit – ich spürte Gott selbst.

Ich verstand nichts mehr. Und ich verstand alles.

Ich begann vor lauter Freude zu weinen.

Auf einen Schlag sah ich mein Leben aus einer anderen Perspektive: Ich erblickte die Menschen, die in meiner Vergangenheit eine Rolle gespielt hatten, meine Eltern, die Familie auf dem Bauernhof, die Nachbarin mit ihren Comics, Lehrer wie Walter Meier, Cathi und Claudio Maggi und viele andere. Und mir wurde unverrückbar klar: Gott war schon immer da gewesen! So schwierig mein Leben auch gewesen war: Immer hatten mir Menschen zur Seite gestanden und vor allem Gott selbst. Ich konnte nur noch weinen.

Als ich schließlich zurück in mein Zimmer ging, war ich nicht mehr derselbe Meck, der von dort aufgebrochen war. Ich war ein anderer geworden.

Dass das nicht nur eine Gefühlsaufwallung war, wurde mir bald deutlich: Vor meinen Augen standen Menschen, bei denen ich mich bedanken oder bei denen ich mich entschuldigen musste. Allen voran bat ich Evelyn um Vergebung, meine Tochter Jana, aber auch Amanda, Angelina und Alexander.

Als ich Johannes berichtete, dass ich Gottes Frieden empfangen hatte, lächelte er nur. Er hatte nie das direkte Gespräch oder gar eine Konfrontation mit mir gesucht, aber er war auf seine ruhige Art gern ein Zeuge für Jesus. Er glaubte schon lange an Gott und war seit Jahrzehnten in der Gemeindeleitung einer großen Freikirche. Jetzt freute er sich mit mir.

Genau in diesen Tagen wurde der Pressebericht über Evelyn und ihren Zusammenstoß mit dem Mitarbeiter des Fast-Food-Restaurants im Internet veröffentlicht. Der Bericht war treffend und gut. Doch schon morgens um 7 Uhr sammelten sich darunter vernichtende Kommentare. Darin wurde nicht etwa Stellung gegen den Mann bezogen, sondern stattdessen Evelyn beleidigt. Die Aussagen waren um nichts besser als die ursprüngliche Beschimpfung durch den Mitarbeiter.

Ich verstand die Welt nicht mehr. Um halb acht traf ich mich mit dem Pfarrer, der das Sanatorium Kilchberg betreute. Ich erzählte ihm davon und meinte: »Es bricht meiner Frau das Herz, wenn sie das sieht!«

Er antwortete: »Dann beten wir.«

Verzweifelt bat ich Jesus: »Bitte greif ein. Es geht nicht um mich, aber bitte schütze meine Frau!«

Es wurde weder warm noch kam eine Stimme vom Himmel herab, aber als wir nach einer Viertelstunde mit dem Beten fertig waren, war die Kommentarfunktion auf der Webseite deaktiviert und die beleidigenden Anmerkungen gelöscht worden. Im Nachhinein könnte man das auch anders erklären, aber warum sollte ich das versuchen? Wir hatten gebetet – und Gott hatte eingegriffen. Wir erschraken beide, und gleichzeitig freuten wir uns darüber.

Vier Wochen war ich insgesamt im Sanatorium, dann wurde ich entlassen und kam wieder nach Hause. Bei der Arbeit startete ich mit einer schrittweisen Wiedereingliederung, um nicht gleich hundert Prozent geben zu müssen. Zu anderen Zeiten hätte ich darüber gelächelt – jetzt war ich dankbar für diese Schonfrist.

Auch daheim besuchte mich Johannes, dafür musste er nur ins Nachbarhaus hinüberkommen. Oft machten wir gemeinsam einen Spaziergang, und einmal pro Woche gingen wir abends miteinander essen. Egal wo wir uns trafen, ob wir zwei Pizzen auf dem Tisch hatten oder gerade auf einer Parkbank saßen, ich löcherte ihn mit meinen Fragen. Der Glaube an Jesus war solch ein Neuland für mich, dass ich immer wieder nach Orientierung suchte.

Ich wollte so viel wissen: Warum ist die Sünde in die Welt gekommen? Warum ist Gott gerade im ersten Teil der Bibel oft so zornig? Warum glauben nicht alle Menschen an Gott? Oder sind die verschiedenen Religionen nur unterschiedliche Wege zum gleichen Gott? Ich sprach mit etlichen Menschen über meinen neuen Glauben, aber bei Johannes konnte ich meine Fragen loswerden.

Genauso interessierten mich die praktischen Dinge: Wie kann ich als Christ auf Gott hören? Ich fragte auch direkt: »Wie betest du?«

Johannes brachte Ruhe in die Fragen meines Lebens. Manchmal wies er mich auf einen biblischen Zusammenhang hin: »Schau mal, Meck, hier steht doch ...«

Ein anderes Mal zuckte er die Achseln und meinte: »Das kann man so, aber auch so sehen.«

Meine persönliche Geschichte war eigentlich kein Thema zwischen uns – für mich war das vergangen. Ändern konnte ich daran nichts mehr. Aber natürlich spielte meine Vergangenheit weiterhin eine Rolle: Ich war eben Meck, mit all meinen Erlebnissen.

»Die Aktion mit den Büchern war doch kein Zufall«, hakte ich eines Tages nach. »Das hast du nicht einfach so gemacht. Dazu hattest du doch einen Auftrag?« Johannes lächelte nur.

Ich liebe ihn für seine Art und verstehe sehr gut, warum er bei Menschen so beliebt ist. Unser nettes Miteinander entwickelte sich zu einer tiefen Freundschaft.

So schön das neue Leben mit Jesus für mich persönlich und meine ganze Familie war, so schwierig war meine gesundheitliche Situation. Seit Längerem litt ich wieder unter Hüftschmerzen und hatte auch schon einen Spezialisten konsultiert. Dessen Urteil war eindeutig: »Wir zögern es so lange hinaus, wie es geht. Auf der einen Seite sind Sie bereits operiert worden, aber jetzt kommen Sie um neue Hüftgelenke auf beiden Seiten nicht herum.«

Er verschrieb mir Schmerzmittel und ich brauchte immer stärkere. Irgendwann war ich bei Opiaten angekommen. Jetzt ging es nicht mehr.

Ich arbeitete zwar erst seit Kurzem wieder, aber nun musste ich in der Firma abklären, wann sich eine Operation am besten einplanen ließe. Die Reaktion darauf war sehr verständnisvoll: »Für uns ist das gehüpft wie gesprungen. Sehen Sie zu, dass es Ihnen bald wieder besser geht, und warten Sie nicht länger.«

»Danke«, antwortete ich und unterstrich gleichzeitig: »Ich schau, dass ich meine laufenden Projekte noch zu einem Abschluss bringe, dann gehe ich ins Krankenhaus.«

Wir fanden einen passenden Termin, ich meldete mich in der Klinik an und wurde operiert. Alles verlief wie gewünscht. Ich konnte bereits wieder lachen, als Johannes am zweiten Tag vorbeikam und ein Buch mitbrachte – natürlich! Im Spital hatte ich jedoch keine Zeit mehr, es zu lesen, denn ich durfte am nächsten Tag bereits heim.

Dort erweiterte ich meinen Aktionsradius schnell. Erst schaffte ich mit Krücken nur den Weg zur Toilette, dann lief ich in der

Wohnung hin und her, später ein paar Hundert Meter außerhalb, bald hatte ich nur noch eine Krücke und schließlich lief ich besser als vor der OP. Ich war so dankbar und wollte, dass auch die andere Seite möglichst schnell operiert würde. Also machte ich einen Termin in drei Monaten.

Ich rechnete damit, dass die zweite OP genauso leicht zu verkraften wäre wie die erste, aber ich hatte mich getäuscht. Wegen meiner angeborenen Knochenfehlstellung und meiner ersten OP als junger Mann war schon die Operation an sich komplizierter, die Heilung dauerte länger, und vor allem hatte ich enorme Schmerzen. Ich musste eine Weile Morphium nehmen, aber schließlich ließen die Schmerzen nach.

Als ich diese Hammermedikamente nahm und erst Schmerzen, danach Glücksgefühle und am Schluss sogar einen Entzug erlebte, dachte ich manches Mal an Amara, meine Schwester, und ihre Drogenkarriere. Was für mich ein katastrophaler Ausnahmezustand war, war lange ihr Alltag gewesen.

Mit einiger Verzögerung machte ich die gleichen Schritte wie nach der ersten OP. Bald schon war ich jeden Tag draußen und ging spazieren. Meist war Johannes mit von der Partie.

Mir wurde immer stärker bewusst, was für ein besonderes Geschenk es war, dass er zu diesem Zeitpunkt in mein Leben getreten war. Ich wünschte mir, ihm wenigstens etwas zurückgeben zu können. Diese Gelegenheit sollte ich eher bekommen, als ich dachte.

JOHANNES CADUFF, Hausmeister und Freund von Meck, erzählt:
Für viele Jahre war ich Hauswart in der Wohnanlage, wo Evelyn und Meck wohnten. Die Arbeit machte mir Freude. Sie war abwechslungsreich, und ich

hatte viel mit Menschen zu tun. Als Hauswart gab ich mir Mühe, eine gewisse Distanz zu bewahren, denn immer wieder musste ich bei Streitigkeiten zwischen den Mietern vermitteln – und da durfte ich für niemanden Partei ergreifen.

Trotzdem gab es Leute, zu denen ich eine nähere Beziehung hatte. Evelyn gehörte mit ihrer freundlichen Art dazu. Und auch Meck lernte ich schätzen, obwohl wir nicht viel miteinander zu tun hatten. Er und seine Familie waren viel draußen im Garten zugange, luden Nachbarn ein, grillten gemeinsam oder spielten zusammen. Einige Male war ich auch dabei. Wir sprachen über alles Mögliche: das Wetter, die anderen Bewohner oder Politik, aber nie über christliche Themen. Dabei war ich seit fast fünfzig Jahren Christ und engagierte mich schon lange in einer Freikirche, aber ich wollte meine Nachbarn nicht überfahren. Ich versuchte, als Christ zu leben und ab und zu einen Denkanstoß weiterzugeben – zum Beispiel durch ein christliches Buch. So eines hatte ich Meck bereits einmal gegeben.

Dann lud Evelyn mich zu seinem Geburtstag ein. »Da kannst du nicht ohne Geschenk ankommen«, dachte ich. Aber sollte ich schon wieder etwas Frommes schenken? Ich besorgte daher etwas Süßes und ein Buch. Schokolade ist schließlich nie verkehrt. Ich war gespannt, was Gott tun würde, einen besonderen Auftrag verspürte ich allerdings nicht.

Niemand wusste, dass Meck schon am nächsten Tag ins Sanatorium gehen würde. Während der Feier sprachen sie das nicht an. Als ich kurz darauf bei Evelyn vorbeiging, erzählte sie mir allerdings davon und fragte mich: »Magst du Meck vielleicht in der Klinik besuchen?« Das wollte ich gern tun. Erst waren es ganz normale Krankenbesuche, aber das änderte sich. Bei einem Besuch traf ich einen anderen Meck als den, den ich bis dahin gekannt hatte. Er hatte eine klare Wiedergeburt erlebt und wollte sein Leben mit Gott in Ordnung bringen, sich bei anderen entschuldigen und fragte plötzlich nach Jesus. Das war ein wirkliches Wunder.

Die Veränderung, die er durchgemacht hatte, war erstaunlich. Auf einmal betrachtete er Menschen aufmerksamer. Meck suchte nach anderen Christen und fand sie – bald schon nahm er an einer Bibelgruppe in der Klinik teil. Und er blieb so initiativ: Man musste ihn nie anschieben. So machte es mir große Freude, ihn auf seinen ersten Schritten im Glauben zu begleiten. Ich musste nicht sagen: »Willst du vielleicht einmal versuchen, die Bibel zu lesen?« Er hatte sie schon aufgeschlagen. »Möchtest du in den Gottesdienst gehen?« Er war schon dort. Und er hatte jede Menge Fragen. Bei etlichen konnte ich ihm weiterhelfen, doch unsere Beziehung war nie einseitig – sie war ein Geben und Nehmen.

In der ersten Zeit war ich viel für ihn da und half ihm in Glaubensdingen. Kurze Zeit später ging ich mit unklaren Beschwerden zu meinem Arzt und kam mit der Diagnose Krebs zurück. Ich hatte einen Tumor, der dringend behandelt werden musste. Jetzt war Meck für mich da: Er fuhr mich, wenn ich ein Auto brauchte, begleitete mich zu Arztgesprächen und zu Verhandlungen mit der Krankenversicherung.

Wenn ich an die Beziehung von Meck und mir denke, dann fällt mir ein Satz aus der Apostelgeschichte über die Urgemeinde ein: »Sie hatten alles gemeinsam.«

Es ist schön, solch einen Freund zu haben!

Erst spazierten Johannes und ich auf immer neuen Wegen in unserer Nachbarschaft, aber bald hatten wir eine Standardroute gefunden, auf der wir jeden Tag unterwegs waren. Auf halbem Weg lag eine kleine Kapelle, geöffnet und meist leer. Sobald wir das entdeckt hatten, legten Johannes und ich dort jedes Mal eine Pause ein.

Wenn wir liefen, hatten wir Zeit zum Reden. Wenn wir in der Kapelle saßen, beteten wir. Immer begannen wir mit dem Danken.

Ich dankte für mein Leben und besonders für das neue Leben mit Jesus, für Menschen, denen ich begegnete, für das Gute und Schlechte in meinem Alltag. Ich bedankte mich oft für die Liebe, die ich erfuhr, und ich betete für andere Menschen und um Weisheit für meine nächsten Entscheidungen.

Ich sollte sie brauchen.

SECHS MONATE OHNE

»Das Schönste ist, dass Papa so viel lieber ist als früher.«

Mit Sätzen wie diesem fassten meine Kinder zusammen, was an Veränderungen in meinem Leben geschehen war. Das war für sie am greifbarsten. Tatsächlich war ich früher ständig gereizt und unter Strom gewesen, jetzt gehörten meine Wutanfälle auf einen Schlag der Vergangenheit an.

Mein Leben als Christ bewirkte ganz praktisch, dass sich einiges in unserer Familie und darum herum änderte.

Was die Kinder genauso bemerkten, war unser allabendliches Lesen in der Kinderbibel und das Beten vor dem Essen. Ich hatte schnell mitbekommen, dass »man« das als Christ so macht. Aber ich wollte keine Äußerlichkeit imitieren: Ich war Gott dankbar und suchte nach Möglichkeiten, das auszudrücken.

Ein paar Dinge spielten ab dem Moment, wo ich mit Gott leben wollte, keine Rolle mehr für mich – unter anderem Techno. Meine wilde Partyzeit war sowieso vorbei, aber ich war noch jahrelang mit Bekannten auf Techno-Remember-Partys gegangen und hatte Techno gehört, wann immer es möglich war. Als ich Christ wurde, war damit Schluss. Niemand hatte mir gesagt: »Das darfst du nicht.« Ich hatte einfach kein Bedürfnis mehr danach, also ließ ich es sein.

Plötzlich bekam ich auch offene Augen für Menschen in meiner Umgebung. Als ich einmal im Supermarkt um die Ecke einkaufte, stand eine ältere Frau an der Kasse.

»Das macht 74,30 Franken«, meinte die Kassiererin.

Die Frau steckte ihre Karte ins Lesegerät.

Nichts tat sich.

»Versuchen Sie es noch einmal«, meinte die Kassiererin geduldig.

Das Gerät zeigte an »Transaktion nicht möglich«.

Der älteren Frau zitterten die Hände.

»Das kann nicht sein, da ist Geld auf dem Konto.«

Es war ihr sichtbar peinlich. Für Schweizer ist solch eine Situation doppelt beschämend.

»Können Sie den Einkauf kurz zurücklegen? Ich gehe schnell zur Postbank gegenüber.«

Kurz darauf kam die Kundin wieder – kreidebleich.

»Entschuldigen Sie bitte«, meinte sie leise zur Kassiererin. »Ich kann das nicht kaufen.«

Inzwischen stand ich auch an dieser Kasse an. Ich fragte die Verkäuferin, ob sie die Waren noch einmal erfassen müsste oder den Beleg von vorher einfach abscannen könnte. Das war möglich und ich erklärte: »Ich übernehme den Betrag.« Die Verkäuferin schaute überrascht, nannte mir aber die Summe und ich bezahlte.

Die ältere Frau meinte völlig perplex: »Sie können doch nicht einfach ...«

»Doch, ich kann.«

»Ich zahle Ihnen das Geld so bald wie möglich zurück.«

»Das brauchen Sie nicht. Nehmen Sie es einfach als einen Gruß zum neuen Jahr und als Segen von Gott.«

Für mich war das nichts Großes, aber diese Frau ging so glücklich nach Hause, dass ich ebenfalls begeistert war. Nebenbei kennt mich die Kassiererin im Supermarkt jetzt gut und grüßt mich immer mit einem wissenden Lächeln.

Die schönste Veränderung nach meiner Wiedergeburt aber war, dass ich nicht länger unsichtbar war. Wenn ich vorher mit Evelyn zusammen über das Gelände unserer Wohnsiedlung gegangen war, dann hatten Erwachsene und Kinder ihr im Vorbeigehen ein freundliches »Hoi Evelyn!« zugerufen. Etliche wechselten ein paar Worte mit ihr, bevor sie weitergingen. Ich stand daneben und hatte den Eindruck, dass mich niemand wahrnahm. Es war, als wäre ich gar nicht vorhanden. Bald nach meiner Bekehrung wurde das anders. Ich kann es nicht erklären, aber ich interessierte mich plötzlich für andere Menschen – ob es ältere Frauen im Supermarkt waren oder unsere Nachbarskinder – und auf einmal nahmen diese mich auch wahr. Plötzlich hieß es auch: »Hoi Meck!« Es fühlte sich gut an. Ich war nicht mehr unsichtbar.

Durch Erlebnisse wie diese ermutigt, überlegte ich mir, anderen Gutes zu tun und mich im sozialen Bereich zu engagieren. Mit Menschen kam ich gut zurecht, mit solchen in schwierigen Lebenssituationen hatte ich bisher aber nicht viele Erfahrungen. Wo hätte ich die auch sammeln sollen? Ich fragte mich, wie ich Klarheit darüber bekommen könnte, ob ich mich zum Beispiel für eine Arbeit unter Obdachlosen eignete? Wäre das etwas für mich?

Ich wertete niemanden aufgrund seines Lebens oder seines Äußeren ab, aber reichte das schon für einen Einsatz unter Obdachlosen? Die Möglichkeit, das auszuprobieren, ergab sich schneller als gedacht. Als ich einmal in Winterthur unterwegs war und vom Bahnhof in unser Büro in der Altstadt lief, kam mir ein abgerissen wirkender Mann entgegen. Die Plastiktüte in seiner Hand enthielt offensichtlich den Großteil seines Hausstandes.

»Hast du mal ein paar Franken für mich?«

Ich überlegte noch, ob ich ihm etwas geben sollte und, wenn ja, wie viel, da wurden wir von drei Polizisten unterbrochen, die dort gerade Streife liefen. Sie hatten den Obdachlosen gehört und griffen direkt ein.

»Wissen Sie nicht, dass hier in Winterthur das Betteln verboten ist?«

»Nein«, meinte ich.

»Ja«, gab der Obdachlose zu.

»Aber es ist doch nicht verboten, jemanden zum Essen einzuladen, oder?«, fragte ich nach.

Die Polizisten schauten skeptisch, aber sie stimmten mir zu.

Also lud ich den Mann ein. Ich aß etwas, er wollte nur ein Bier trinken. Am liebsten wollte ich mit ihm ins Gespräch kommen, ihn kennenlernen, hören, was seine Geschichte war. Doch er wollte nur sein Bier trinken. Er erzählte mir nichts. Zum Abschied bot ich ihm noch ein belegtes Brot an, das ich von daheim mitgebracht hatte: »Falls du mal was essen willst, das nicht flüssig ist.« Das nahm er gern.

Nach dieser Begegnung hatte ich einiges zum Nachdenken. Der Groschen fiel schnell. Nur weil ich jemandem etwas geben wollte, musste er es nicht nehmen. Und ich hatte dadurch auch kein Recht, ihn auszufragen. Wenn er erzählen wollte, konnte er das tun. Wenn nicht, dann musste er es nicht. Ich hatte noch nicht einmal ein Anrecht auf seine Dankbarkeit. Es waren nur ein paar Minuten, die wir zusammen verbracht hatten, aber ich hatte viel dadurch gelernt.

Ich hatte keine Ahnung, dass dieses Gespräch, das keines war, der Beginn von vielen Kontakten zu obdachlosen Menschen sein würde. Doch das dauerte noch eine Weile.

Auch beruflich machte ich spannende Erfahrungen mit meinem neuen Glauben und erlebte, dass er Auswirkungen auf meine Arbeit hatte. Das ging auf dem Weg zur Firma morgens los: Ich nutzte die zwanzig Minuten im Auto gern zum Beten – natürlich mit offenen Augen!

Ich lernte auch, für geschäftliche Treffen zu beten. Erst fühlte ich mich seltsam dabei. Wie betet man dafür, wenn man von seinem Chef zum Vermieter eines Geschäfts geschickt wird, um eine zweite Mietreduzierung zu erreichen, nachdem man schon eine erste erhalten hat? Ich erlebte jedoch mehr als einmal, dass wir in angenehmer Atmosphäre miteinander reden konnten und ich trotzdem mit einem guten Ergebnis zurückfuhr.

Natürlich gab ich mein Bestes und beherrschte meinen Job, aber gerade deshalb wusste ich auch, dass jeder Erfolg von unendlich vielen Komponenten abhing. Ich rechnete von jetzt an damit, dass Gott eingriff – und so manchen Erfolg konnte ich mir ehrlicherweise auch nur dadurch erklären.

Solche Erfahrungen änderten nichts daran, dass meine Gesamtlage im Unternehmen schwierig wurde. Das Problem war, dass ich meine Arbeit zu gut gemacht hatte.

Eigentlich war meine Stelle durch meinen eigenen Erfolg überflüssig geworden. Die Fortsetzung der Expansionsaufgaben in Deutschland war fürs Unternehmen wesentlich einfacher und günstiger durch einen deutschen Mitarbeiter möglich. Um es klar zu sagen: Wenn ich Manager gewesen wäre, hätte ich mich entlassen.

Es sah so aus, als wäre es nur eine Frage der Zeit, bis ich gehen müsste. Sollte ich so lange warten? Nein, das wollte ich auf keinen Fall. Daher wurde ich aktiv.

Ich rief den Inhaber persönlich an und sprach über meine Situation in der Firma.

»Das sehe ich genauso«, meinte er.

»Ich würde deshalb gern einen Aufhebungsvertrag mit Ihnen abschließen und in sechs Monaten gehen.«

Er stimmte zu.

Die Details regelte ich in einigen Gesprächen mit der Personalleitung. Ich erhielt einen fairen Ausstieg aus dem Unternehmen – und war ab sofort freigestellt.

Schnell kam ich in Kontakt mit einem Mobilfunkanbieter. Meine Bewerbungsunterlagen kamen gut an, das erste Gespräch ebenfalls. Es sah vielversprechend aus. Nach drei weiteren Treffen streckte mir die Personalleiterin die Hand entgegen und meinte: »Glückwunsch! Sie haben die Stelle.«

»Kann ich bitte noch übers Wochenende Bedenkzeit haben?«

Sie war überrascht.

»Wenn Sie meinen ...«

An diesem letzten Tag waren mir Zweifel gekommen, ob es die richtige Stelle für mich wäre. Es war meine erste Bewerbung als Christ. Wie würde ich Gottes Reden dabei hören? War eine Zusage bereits Gottes Einverständniserklärung?

Als ich vor meinem Einstellungsgespräch kurz im Foyer warten musste, liefen dort andere Angestellte entlang: Es waren alles junge, dynamische, hippe Leute. Sie lächelten, aber sie wirkten gehetzt. Passte ich dazu? Wollte ich dorthin? Würde ich damit nicht aus einem Hamsterrad ins nächste steigen?

Ich war mir plötzlich nicht mehr sicher, aber wie sollte ich herausfinden, was Gott dazu meinte?

Für diesen Abend hatten unsere Kinder Freunde eingeladen, und wir hatten ihnen versprochen, dass es einen Filmabend geben würde – mit allem Drum und Dran. Bald saßen sieben erwartungsvolle Kinder auf der Couch im Wohnzimmer, etwas zu trinken vor sich und eine große Tüte Popcorn in der Hand.

»Was für einen Film schauen wir heute?«

»Darf ich ihn aussuchen?«

»Aber nichts für Kleine ...«

»Und lustig muss der Film sein.«

Es war mir schnell klar, dass ich eine Entscheidung treffen musste, um Streit zu vermeiden, also suchte ich einen Film auf Netflix aus, »Zuhause ist der Zauber los«, eine seichte Hollywood-Komödie mit Eddie Murphy. Diesen Schauspieler kann ich eigentlich nicht leiden, ich empfinde ihn als aufgedreht und affektiert. Aber ich versprach mir nette Unterhaltung für die Kids.

Wir machten es uns bequem und schauten zu, wie sich Eddie Murphy als karrierebesessener Mann erst von seiner Frau trennt und dann beinahe seine Tochter verliert, bevor er gerade noch rechtzeitig die Kurve kriegt. Natürlich war das Ganze witzig aufgezogen und das Happy End stand zu keiner Zeit infrage, doch irgendwann im Laufe des Films erkannte ich mich plötzlich in der Hauptrolle wieder. Ausgerechnet in Eddie Murphy!

War ich auch so? Ging mir meine Karriere über alles?

Während die Kinder sich köstlich amüsierten, hatte ich Tränen in den Augen.

Wenige Stunden vorher wollte ich unbedingt, dass Gott zu mir sprach und mir Klarheit schenkte. Ich hatte nur keine Ahnung, wie das funktionieren sollte. Jetzt wusste ich es. Gott konnte sogar durch zweitklassige Hollywood-Streifen reden! Er hatte es gerade getan.

Montags rief ich bei dem Mobilfunkanbieter an und sagte ab. Als ich allerdings Evelyns verständnislosen Blick sah, merkte ich, dass es eine Sache war, selbst Gottes Stimme zu hören, und eine völlig andere, das der Partnerin zu erklären.

Von nun an hatte ich sechs Monate Zeit, eine neue Arbeit zu finden, und ich war mir sicher, dass Gott mir etwas Passendes zeigen würde, aber ich hatte ebenfalls sechs Monate Zeit, um geistlich voranzukommen und vieles von dem nachzuholen, was in den letzten Jahren in der Familie auf der Strecke geblieben war.

Gleich zu Beginn meines Lebens als Christ hatte ich angefangen, in der Bibel zu lesen. Da ich viel am Handy nachschlage und höre, schaute ich, ob es eine Bibel-App gäbe. Ich war überrascht: Es gab nicht nur eine, sondern mehr als ein Dutzend. Die YouVersion konnte den Bibeltext sogar vorlesen. So konnte ich immer, wenn ich im Auto unterwegs war, Bibeltexte hören.

Einige Christen hatten mir gesagt: »Fang lieber mit dem Neuen Testament an«, aber ich wusste nicht, warum. Fängt man ein Buch nicht immer vorne an?

Ich wollte keine Light-Version. Und ich dachte, wenn ich nicht die gesamte Bibel verkrafte, dann passt sie vermutlich nicht zu mir oder ich nicht zu ihr. Daher begann ich im Alten Testament und merkte mit der Zeit, dass meine Ratgeber gar nicht so unrecht gehabt hatten. Ich hörte vieles – und vieles zum ersten Mal. Manches war sehr spannend und etliches fiel direkt auf fruchtbaren Boden. Gerade die Geschichten von Abraham, Isaak und Jakob mit den Einblicken in schwierigste Familienverhältnisse fand ich sehr realistisch und hilfreich. Geschlechtsregister langweilten mich dagegen eher, und wenn im Buch Richter die Rede davon war, dass ein Mann seine ermordete Frau zerstückelt an die einzelnen Stämme Israels schickte, hörte mein Verständnis völlig auf. Wo war ich denn hier gelandet?

Zum Glück war Johannes ein geduldiger Begleiter. Wenn ich begeistert mit meinen neuen Erkenntnissen zu ihm kam oder auch völlig entsetzt war, half er mir, das Ganze einzuordnen. Er bot mir nicht zu allem eine fertige Antwort an, aber er war immer da, wenn ich jemanden zum Reden brauchte.

Johannes lud Evelyn und mich auch in seine Gemeinde ein. Das war eine der größten Freikirchen in Zürich, und es war beeindruckend, wie viele Christen dort Sonntag für Sonntag ins Parkhaus fuhren und durch die Türen strömten. Der Gottesdienst war interessant, aber trotzdem nicht auf unserer Wellenlänge. So besuchten wir in der Folge ein paar Gottesdienste in unterschiedlichen Kirchen und Gemeinden. Irgendwann lud uns jemand ins ICF nach Zürich ein.

Als wir dort ankamen, fühlten wir uns direkt zu Hause. Das ging bereits an der Tür los. Wir wurden herzlich begrüßt, angelächelt und kamen immer wieder kurz mit anderen ins Gespräch. Die Kinder waren begeistert, weil sie ein tolles Gottesdienstprogramm erlebten, Evelyn und ich genossen den Mix aus Nähe, Freundlichkeit, technisch hohem Niveau und Botschaften, die genau in unser Leben hineinsprachen. Daher besuchten wir die »Celebrations«, wie die Gottesdienste dort hießen, regelmäßig.

Natürlich meldete sich auch der Skeptiker in mir zu Wort: »Du kannst doch nicht einfach irgendwohin gehen und dich nicht informieren.« Also googelte ich die Gemeinde und ihre Leiter. Ich informierte mich, was sie selbst über sich sagten, und vor allem, was andere vom ICF hielten.

Es wunderte mich nicht, dass von begeisterter Zustimmung bis hin zu völliger Ablehnung alles vertreten war. Mit der Auseinandersetzung rund um verschiedene Lehrmeinungen konnte ich gut leben. So viel hatte ich bei meinen ersten Leseerfahrungen in der Bibel und meinen anschließenden Gesprächen mit Johannes und anderen Christen schon gemerkt: Es war gar nicht so einfach, festzustellen, welche Antworten in irgendwelchen Detailfragen korrekt waren. Aber die Begeisterung für Jesus war in dieser Gemeinde sehr deutlich zu spüren – und das war für mich die Hauptsache.

Außerdem war es mir wichtig, was mit dem Geld geschah, das in der Kirche gesammelt wurde. Natürlich kostet ein großer Saal mit professioneller Licht- und Tontechnik viel, aber ich hatte noch nichts davon gehört, dass sich die Gemeinde auch sozial engagierte. Verwendete sie ihr Geld etwa nur für sich selbst? Das wäre nach meinem Verständnis nicht gut gewesen.

Ich wollte schon darum bitten, einmal einen Blick in den Jahresabschluss werfen zu dürfen, da veranstaltete die Gemeinde einen »Vision Sunday«. Dieser Gottesdienst beantwortete meine Fragen, denn es ging hauptsächlich darum, wofür das Geld verwendet wurde, das die Gemeinde bekam. Der größte Betrag floss natürlich in die Personalkosten. Klar, wer arbeitet, muss auch einen Lohn bekommen. Vieles wurde in missionarische Arbeiten und den Aufbau neuer ICF-Gemeinden gesteckt. Auch das war völlig in Ordnung für mich. Eine ordentliche Summe wurde zudem in karitative Projekte investiert. Das gab für mich den Ausschlag: Wir blieben.

Weil ich zum ersten Mal seit Jahren viel Zeit hatte, überlegte ich, wie ich mehr über die Bibel erfahren könnte. Da kam mir das Angebot einer Abendbibelschule gerade recht. Einmal in der Woche trafen wir uns mit ungefähr fünfzig Leuten in der Gemeinde. Wir waren eine bunte Truppe, gerade frisch zum Glauben Gekommene und »alte Hasen«, Studenten, Hausfrauen, Rentner und Geschäftsfrauen. Nach einer Lobpreiszeit vertieften wir uns in biblische Bücher, lernten viel über andere Religionen, sprachen darüber, wie man zu biblisch fundierten Entscheidungen kommt, und vieles mehr.

Mir war das Hintergrundwissen am wichtigsten. Es war mir schon vorher klar gewesen, dass das biblische Frauenbild nicht dem heutigen entsprach, aber jetzt erfuhr ich, dass es vor zweitausend Jahren revolutionär gewesen war und neue Maßstäbe gesetzt hatte.

Bis dahin war die Bibel für mich ein Buch, in dem manche Themen immer mal wiederholt wurden. Jetzt merkte ich, dass es ein großer Unterschied war, wer wann über das Kreuz sprach. Jesaja hatte es Jahrhunderte vorher prophezeit, die Evangelisten berichteten, wie es zur eigentlichen Kreuzigung gekommen war, und Paulus deutete das Ganze theologisch. Was vorher ein unklarer Informationsbrei für mich gewesen war, bekam jetzt einen Sinn. Ich ertappte mich immer wieder dabei, wie ich mit offenem Mund dasaß und einfach staunte.

Wenn einer der Pastoren oder eine externe Referentin am Ende meinte: »Feierabend. Schluss für heute«, dann hätte ich am liebsten gesagt: »Wir haben doch gerade erst angefangen.«

Ich begriff, wie einfach und klar manche Zusammenhänge waren und wie kompliziert manche Sachverhalte werden konnten. »Da kommt eine Mitarbeiterin zu euch und verkündet, dass Gott ihr gezeigt hätte, sie solle ihren Mann verlassen und mit einem neuen Partner in die Mission gehen. Was sagt ihr dazu?« Solche Fragen besprachen wir, als Ethik auf dem Plan stand. Und dabei ging es nicht darum, die eigene Meinung zu artikulieren oder ein Bauchgefühl zu haben, sondern mit der Bibel zu argumentieren. »Tatsächlich geht es in solchen Situationen nicht darum, zu betonen, dass Gott uns geführt hätte, sondern darum, sein Wort ernst zu nehmen. Denn Gott führt nicht völlig entgegen von dem, was er sonst in der Bibel sagt.«

Außerdem verstand ich, dass sich manche Fragen nicht klären ließen. Mein Lieblingsbeispiel war die Dinosaurierfrage. Hatten sie vor Hunderten von Millionen Jahren gelebt oder waren sie vor sechstausend Jahren in der Sintflut ertrunken? Sprich: Ist die Welt durch Evolution entstanden oder durch Schöpfung?

Ich stellte diese Frage vielen Christen und Nichtchristen, denn sie trieb mich länger um. Doch egal wie ausführlich mein Gegenüber wurde, eine echte Erklärung hörte ich nicht. Wie so oft kam Gott auf seine Art mit einer hilfreichen Antwort um die Ecke.

Um dazuzulernen und weiter christlich geprägt zu werden, kaufte ich etliche christliche Filme. Die schauten wir zu Hause an und sprachen anschließend darüber. In einem dieser Filme kam eine Podiumsdiskussion an einer amerikanischen Universität vor. Ein Christ und ein Atheist sollten sich mit der Frage von Evolution oder Schöpfung auseinandersetzen und sie diskutieren.

Der Christ weigerte sich und begründete das folgendermaßen: »Viele Ereignisse in der Bibel sind bewiesen und viele sind es nicht. Viele Zusammenhänge in der Evolutionstheorie sind bewiesen und viele sind es nicht. Wir werden uns nicht einig werden: Das ist eine Sache des Glaubens.«

Streng genommen war dies keine Antwort auf meine Frage, aber es machte trotzdem »klick« bei mir. Es vertiefte meinen Glauben, weil ich lernte, auf die Hauptsache zu schauen. Heute lächele ich bei der Frage, ob Dinosaurier in der Bibel wichtig sind. Es spielt für mich keine Rolle. Wichtig ist für mich der Glaube an Jesus als Erlöser.

Als ich mit Evelyn darüber sprach, was in unserem Glauben wirklich wichtig ist, überraschte sie mich mit einer Idee: »Meck, wir sollten uns taufen lassen.«

Ich war skeptisch. Was sollte das bringen? War ich nicht als Baby bereits getauft worden? Auch Bilder aus meiner Ministrantenzeit kamen wieder hoch.

Aber Evelyn ließ nicht locker. Wir sprachen mit Johannes darüber und mit Geschwistern in der Gemeinde. Je länger ich mit anderen darüber redete, desto klarer wurde mir, dass unsere Taufe jetzt dran war. Ich wollte gern vor Gott und den Menschen unterstreichen, dass er mich neu gemacht hatte. Daher fragten wir, wann die nächste Möglichkeit wäre.

Wir bekamen einen Termin und standen bald darauf mit sechs weiteren Täuflingen auf der Bühne. Daniel und Melanie waren als unsere Taufpaten dabei und begleiteten uns – sie waren uns gute Freunde geworden.

Als Leo Bigger, der Senior-Pastor der Gemeinde, mich unter Wasser drückte und wieder herausholte, jubelte alles in mir. Ich riss die Arme hoch und rief: »Ja!« Genau dieses bedingungslose Ja zu Jesus sollte in Zukunft über meinem Leben stehen – auch wenn keine Gemeinde daneben applaudierte.

Leo betete für jeden Einzelnen von uns und er legte auch mir die Hand auf. Neben dem Gebet gab er mir ein prophetisches Bild weiter, das er sah: »Da führt ein schmaler Kiesweg durch den Wald. Die Umgebung ist schön, an seinem Rand wachsen Blumen. Man sieht aber nicht besonders weit, denn der Weg macht eine Kurve. Hinter dieser Kurve wirst du deinen Schatz finden.«

Das war schon sehr speziell für mich. Keine Frage, das Bild war schön, aber was sollte es bedeuten?

Zunächst hoffte ich, es schnell zu entschlüsseln, doch dann dachte ich an meine Dinosaurierfrage: Eigentlich war das nebensächlich. Zu seiner Zeit würde Gott es mir sicher erklären.

WENN GOTT SPRICHT

Gott schwieg einfach.

Bei meiner ersten tiefen Begegnung mit Gott fielen keine Worte. Ich saß auf einer Parkbank neben dem psychiatrischen Krankenhaus, und Gott goss seine Liebe über mich aus. Das war absolut real, Worte waren nicht nötig. Er zeigte mir seine Liebe, und ich verstand sie zum ersten Mal.

Als diese intensive Stunde vorübergegangen war, war mein erster Gedanke: »So sollte es weitergehen. Ich brauche diese Begegnungen mit Gott.« Aber sie kamen nicht. Jedenfalls nicht genauso und nicht auf Bestellung.

Johannes fasste es einmal so zusammen: »Genieß solche Momente, wo sich Gott dir so tief zeigt, vielleicht kommen Zeiten, wo das nicht mehr so oft der Fall ist.«

Trotzdem spielten Gebet und Gottes Reden in meinem Leben als Christ von Anfang an eine besondere Rolle. Vielleicht ist es eine Gabe, die Gott mir gegeben hat, oder es liegt an dem Buch von David Togni, durch das ich zum Glauben gefunden habe. Er schreibt darin immer wieder von Gebetserhörungen, die in seinem Alltag scheinbar nebenbei geschehen sind. Einmal war er mit dem Taxi unterwegs, und der Fahrer klagte über Zahnschmerzen. David betete: »Im Namen Jesu, nimm ihm diese Schmerzen.« Da waren die Schmerzen weg. So steht es in seinem Buch.

Ein Stück weit wünschte ich mir dasselbe, doch ich bin Meck und nicht David. Mich gebraucht Gott auf andere Art.

Ab und zu weiß ich plötzlich, dass ich für einen bestimmten Menschen oder eine besondere Situation beten soll. Das mache ich dann intensiv. Und Gott handelt.

Das erste Mal erlebte ich so etwas, als Evelyn fragte: »Hast du etwas dagegen, wenn mein Bruder und seine Frau mitkommen, wenn wir in der Türkei Urlaub machen?«

»Nein, natürlich nicht.«

Überrascht war ich allerdings schon, denn Francis und ich verstanden uns zwar prima, aber unsere Frauen waren oft wie Feuer und Wasser. Trotzdem saßen wir eine Weile später zusammen im Flugzeug nach Südosten. Im Urlaub begann ich jeden Tag mit einem Gebetsspaziergang am Strand. Dort sagte Gott zu mir: »Bete für Nina. Bete für Evelyns Schwägerin.«

Es war das erste Mal, dass ich solch einen Gebetsauftrag erhielt. Ich hatte keine Stimme gehört, wusste aber genau, dass es Gott war, der mir diesen Gedanken eingegeben hatte. Also betete ich für Nina und war gespannt, was Gott tun würde.

Nach ein paar Tagen hatte ich eine Idee. Evelyn hatte Nina eine Kette gekauft, die genau nach ihrem Geschmack war. Sie trug gerne Ketten, und Nina war begeistert. Bevor sie sie anlegte, fragte ich sie, ob ich auch noch etwas zum Geschenk beitragen könnte. Ich würde sie ihr mit Gebeten »aufladen«. Nina war überrascht, aber sie stimmte zu. Lachend meinte sie: »Schaden kann's ja nicht.«

Wieder ein paar Tage später kam sie in Tränen aufgelöst zu uns zum Pool, und kurze Zeit später lagen Evelyn und sie sich in den Armen. Dann erzählte sie uns, was passiert war: »Letzte Nacht habe ich geträumt, dass ich auf einem orientalischen Basar unterwegs war. Es gab ein buntes Angebot an Waren, und viele Menschen waren dort. Plötzlich ist Jesus vor mir um die Ecke gekommen. Er hat nichts gesagt, aber ich wusste sofort, dass er es war. ›Stopp‹, habe ich gerufen, ›dich gibt es nicht. Ich glaube nicht an dich.‹ Doch das hat ihn überhaupt nicht gestört. Er hat mich angelächelt und bei der Hand genommen, und dann ist er mit mir durch sieben Tore aus dem Basar herausgelaufen.«

Von diesem Moment an bezeichnete sich Nina als gläubig. Ihr Leben und auch die Beziehung zu Evelyn änderten sich völlig.

Ob das nun an meinem Gebet lag, war mir egal: Es war einfach schön, zu sehen, wie Gott sie veränderte.

Ich weiß, dass Gott nicht nur in Ferienzeiten redet, aber tatsächlich war es wieder in einem Urlaub, als Gott mich das nächste Mal zum Beten aufforderte. Ich stand bei Sonnenuntergang am Lago Maggiore und hatte plötzlich den Eindruck, nicht mehr allein zu sein. Gott war da und er sprach mir wie beim ersten Mal ins Herz hinein: »Bete dafür, dass Francis und Nina, dein Schwager und deine Schwägerin, ein zweites Kind bekommen können und dass es ein Junge wird.«

Ich wusste, dass sie sich schon länger noch ein Kind wünschten und ziemlich frustriert waren, weil es bisher nicht funktioniert hatte. Jeden Morgen stand ich von da an eine halbe Stunde am Seeufer und betete dafür. Tatsächlich wurde meine Schwägerin schwanger und bekam einen Sohn.

Viermal hatte ich bis jetzt ein solches Erlebnis. Gott legte mir jemanden besonders aufs Herz, und ich musste einfach dafür beten. Im Gegensatz zu anderen Gelegenheiten, wo ich auch betete, war mir hier von vorneherein klar, dass Gott mich auf jeden Fall erhören würde, und er tat es auch dreimal – das letzte Anliegen ist noch offen.

Seit einer Weile bete ich für einen kleinen Jungen, der seine Stimme verloren hat. Er ist der Sohn einer ehemaligen Arbeitskollegin. Wir sind nach längerer Zeit scheinbar zufällig wieder in Kontakt miteinander gekommen. Zuerst hatte sich der Junge völlig normal entwickelt, aber nach einer längeren Krankheit und Behandlung mit starken Medikamenten konnte er nur noch undefinierbare Geräusche von sich geben. Ein Arzt meinte, dass das Ganze wahrscheinlich eine Nebenwirkung dieser Medikamente wäre, die er inzwischen abgesetzt hatte, aber er konnte ihm nicht helfen. Eine andere Ärztin hielt den Jungen für einen Autisten.

Die Familie kommt aus Rumänien und ist orthodox geprägt. In diesem Fall suchten sie aber nicht die Hilfe Gottes, sondern die einer Wunderheilerin, die behauptete, dass er verflucht wäre. Eigentlich hätte jemand den Vater verfluchen wollen, aber irgendwie sei der böse Wunsch abgelenkt worden und hätte den Sohn getroffen. Das glaube ich nicht. Aber ich bin weder Fachmann für Okkultismus noch für Nebenwirkungen von Medikamenten. Ich bete für ihn, denn es zerreißt mir das Herz, wenn ich höre, wie der Junge versucht, etwas zu sagen, aber praktisch keinen Ton herausbekommt.

Bei einem dieser Gebete hatte ich plötzlich den Eindruck, dass Gott sagte: »Der Junge leidet weder an Medikamentenfolgen noch an einem Fluch, er hat ein Trauma erlitten.« Ich rief die Mutter an und fragte sie, ob zu der Zeit, wo ihr Sohn aufgehört hatte, zu sprechen, etwas Schlimmes passiert sei.

»Ja«, sagte sie direkt. »Mein Schwiegervater hat Krebs bekommen und ist ziemlich schnell gestorben. Er hat bei uns zu Hause gelebt – und am Schluss war er nur noch Haut und Knochen. Es war insgesamt eine furchtbare Zeit, denn damals habe ich mich sehr oft und heftig mit meinem Mann gestritten.«

Ich fand meinen Eindruck bestätigt. Und ich versuchte, ihr Hoffnung zu machen, dass weder Medikamente noch ein Fluch etwas dauerhaft zerstört hätten.

»Deinem Sohn ist alles zu viel geworden, da hat er dichtgemacht. Das kommt wieder!«

Manchmal frage ich mich, ob es normal ist, auf diese Art und Weise für andere zu beten. Dann wieder bin ich überzeugt: Gott hat mir hier etwas anvertraut, für das ich auch verantwortlich bin. Ich will mich damit nicht produzieren, aber ich rechne damit, dass Gott handeln wird, wenn er mir solch einen speziellen Auftrag zum Beten gibt.

In der Gemeindebibelschule saß ich einmal neben einer Frau, die bereits zwanzig Jahre gläubig war. Wir tauschten uns über unsere Gebetserfahrungen aus, und ich erzählte ihr von meinen Erlebnissen.

Frustriert sagte sie: »So etwas habe ich noch nie erlebt.«

»Dann hast du einen viel stärkeren Glauben als ich«, antwortete ich.

Das verstand sie nicht: »Wieso denkst du das?«

»Weil ich natürlich durch diese Ereignisse in meinem Glauben bestärkt werde. Und ich denke, es ist viel schwerer, zu glauben, wenn du es ohne solchen Rückenwind tust.«

Gerade im Blick auf diesen nötigen Rückenwind im Glauben riet mir Johannes: »Meck, schreib dir deine Erlebnisse auf. Wenn schwierige Zeiten kommen, dann hast du etwas, woran du dich im Glauben festhalten kannst.«

Etwas Ähnliches hatte auch Evelyn gesagt, als ich frisch bekehrt aus der Klinik kam: »Schreib doch ein Buch über dein Leben.«

Damals wehrte ich ab: »Vielleicht später. Ich habe doch noch gar keine Erfahrungen als Christ gesammelt.«

Und dann redete Gott selbst. In der Bibelschule hatten wir gerade über den Heiligen Geist gesprochen. Auf dem Weg nach Hause dachte ich im Auto noch darüber nach, als Gott anfing, mit mir zu sprechen. Ich hörte ihn genauso wie bei seinen Aufforderungen zum Beten und ich verstand ihn klar und deutlich: »Schreib ein Buch.«

Ich erschrak. Das war keine Frage, es war ein Auftrag. Jetzt konnte ich nicht mehr Nein sagen.

Es ist allerdings nicht so einfach, einen Verlag zu finden, wenn man die Idee hat, ein Buch zu schreiben – selbst wenn die Idee von Gott stammt. Also begann ich, meine Geschichte zu erzählen. Ein Freund gab mir den Tipp: »Rede nicht nur. Sei deine Geschichte. Lebe das, was du an Gottes Liebe erfahren hast.«

Damit begann ich. Ich fasste meine Lebensgeschichte auf wenigen Seiten zusammen und schickte sie an die Autorin und Rednerin Damaris Kofmehl, die Menschen für ihren YouTube-Kanal interviewt.

»Ist das für deine Sendung geeignet?«

»Ja«, antwortete sie, »komm vorbei.«

Bald erzählte ich bei ihr aus meinem Leben und wurde auch für das Programm von »WunderHeute.TV« dazu interviewt. Es war ein seltsames Gefühl, geschminkt und gepudert zu werden und in einem Studio vor der Kamera zu sitzen. Stellte ich mich hier in den Mittelpunkt? Das wollte ich nicht.

Aber ich dachte daran, wie sehr mir die ersten christlichen Biografien geholfen hatten, die ich gelesen hatte. Durch sie hatte ich verstanden, dass Gott etwas mit echten Menschen zu tun haben wollte – sogar mit mir. Ich dachte an die vielen schwer erziehbaren Jugendlichen im Heim in Schachen zurück. Wenn nur einer von denen erfahren würde, dass Gott sogar mit mir etwas anfangen konnte, dann hätte sich das Ganze bereits gelohnt. Und so erzählte ich. Ich berichtete einfach, was ich erlebt hatte.

Bald darauf schickte das christliche Internetportal »Livenet« die Reporterin Manuela Herzog vorbei und sie verfasste einen ausführlichen Bericht über mich. Es begann mit einem Interview und mündete in eine Freundschaft.

So kam Bewegung in die Sache. Ein Buch schien möglich zu sein, aber Evelyn fühlte sich zunehmend unwohl damit. Sie fragte sich, ob es richtig wäre, die Schatten der Vergangenheit darzustellen. Sie war sich auch nicht sicher, ob Gott wirklich zu mir gesprochen hatte.

So betete sie: »Okay, Vater, wenn du möchtest, dass Meck dieses Buch schreibt, dann öffne ihm alle Türen. Und wenn nicht, dann schließe sie bitte deutlich. Das wäre mir sogar noch lieber, aber dein Wille soll geschehen.«

Zwei Tage später rief Manuela Herzog von Livenet wieder bei uns an und sagte: »Ich habe hier die Anfrage eines Verlags, der sich für deine Geschichte interessiert und ein Buch dazu herausgeben möchte, Meck. Darf ich deine Adresse weitergeben?«

JENS EULITZ, Mecks bester Freund, erzählt:

Meck kenne ich schon etliche Jahre; wir waren Kollegen, als er noch im Schuhhandel unterwegs war – er als Gebietsleiter und ich als Revisor auf der Suche nach eventuell unehrlichen Mitarbeitern. Als ich ihn das erste Mal traf, hatte ich den Eindruck, dass er sehr stark von sich selbst überzeugt war.

Doch dann redeten wir, tranken einen Kaffee zusammen, erzählten uns voneinander und waren ruckzuck per Du. Die Chemie stimmte einfach zwischen uns. Bis heute schätze ich an ihm, dass man immer weiß, woran man bei ihm ist – er ist grundehrlich und spricht schöne Dinge genauso wie schwierige Themen direkt an. Bei ihm gibt es kein Rumgeeiere. Das war beruflich so und privat ebenfalls.

Ich empfand seine Offenheit mir gegenüber immer als etwas Besonderes, ob er mir von seiner angespannten persönlichen Situation erzählte oder von seiner bewegten Kindheit. So wuchs unsere Freundschaft schnell über den freundlichen Umgang mit einem netten Kollegen hinaus. Wir vertrauen uns. Dazu gehört das offene Ohr, was wir nach wie vor füreinander haben. Und genauso, dass wir beide den Kontakt zueinander halten. Ab und zu unternehmen wir etwas gemeinsam, aber meistens telefonieren wir. Dabei ist es jedes Mal so, als wäre seit dem letzten Anruf keine Zeit vergangen; wir machen einfach da weiter, wo wir vorher aufgehört haben. Daran hat sich auch nichts geändert, als Meck die Firma verlassen hat und wir uns beruflich nicht mehr begegnet sind. Im Gegenteil: Die Beziehung wurde tiefer.

Vor den Corona-Beschränkungen haben wir zwei uns jedes Jahr für ein Wochenende abgeseilt. Da wir einen ähnlichen Musikgeschmack haben, fuhren wir auf Konzerte und feierten diese gemeinsamen Stunden. Dasselbe funktioniert auch zusammen mit den Kindern; dann dauert der Ausflug eben nicht bis in die Nacht, sondern findet nachmittags statt und geht ins benachbarte Aathal ins Sauriermuseum.

Wir genießen es beide, wenn wir uns eine Freude machen können. Als Meck zum Beispiel nach seiner Hüftoperation wieder mit Sport begonnen hat, hat er sich überlegt, dass Radfahren genau das Richtige wäre – er hatte nur kein Fahrrad. Bei mir im Keller stand noch mein gutes Mountainbike. Das pumpten wir auf, und er drehte eine Versuchsrunde. Das klappte so gut, dass ich es ihm spontan schenkte. Ich weiß genau, er hätte bei mir dasselbe gemacht.

Manche Freunde begleiten uns für einen kurzen Abschnitt, andere werden Freunde fürs Leben. So einer ist Meck für mich.

BERUF UND BERUFUNG

»Können Sie mir helfen?«

Erwartungsvoll schaute mich Marco an. Seine Eltern waren regelmäßig mit Evelyn in Kontakt. Sie sprachen besser spanisch als deutsch, deshalb begleitete Evelyn sie öfter bei Elternabenden in die Schule oder half ihnen beim Ausfüllen von Formularen. Doch ihr vierzehnjähriger Sohn kam zu mir. Sein Klassenlehrer wollte den Schülern gern ein Bewerbungstraining anbieten, und sie suchten noch ehrenamtliche Helfer, die Vorstellungsgespräche mit den Schülern übten. Ich dachte kurz an die Hunderte und Aberhunderte von solchen Gesprächen, die ich bereits durchgeführt hatte, und sagte spontan zu.

Am folgenden Mittwoch spielte ich in der Schule mit zig erwartungsvollen Jugendlichen in Einzelgesprächen eine Bewerbungssituation durch. Manche schlugen sich gut, andere verhielten sich katastrophal, aber sie wollten das Bewerben ja erst lernen. So kamen wir ins Gespräch: über Personaler, die in zwanzig Sekunden eine erste Entscheidung treffen müssen, über Selbstdarstellung und Selbstwertgefühle und vieles mehr. Am Ende hatten sie viel über das Bewerben und sich selbst gelernt – und Spaß hatten wir außerdem gehabt.

Praktisch dasselbe bot ich später auch für Erwachsene an. Immer wieder bekam ich mit, dass Leute aus unserem Freundes- und Bekanntenkreis beim Regionalen Arbeitsvermittlungszentrum abblitzten. Eigentlich sollten sie von dort Unterstützung erhalten, damit sie sich bewerben konnten, doch das funktionierte oft nicht, besonders wenn ein Migrationshintergrund vorhanden war. So half ich ihnen dabei, ihre Bewerbungsunterlagen zu optimieren. Ähnlich wie bei den Jugendlichen spielte ich Vorstellungsgespräche mit ihnen durch. Bisweilen ging ich auch mit ihnen aufs Amt, um sie gegen den Sachbearbeiter zu unterstützen, der eigentlich für sie sein sollte.

Manchmal war diese Hilfe schnell geschehen: Eine Muslima mit Kopftuch bekam einfach keine Einladungen zu Vorstellungsgesprächen. Ich konnte ihr helfen, ihre Bewerbungsunterlagen als Verkäuferin zu verbessern, und legte einen Brief von mir bei. Darin unterstrich ich als ehemaliger Verkaufsleiter ihre Kompetenz. Sie fand bald eine Arbeit – letztlich nicht, weil ich sie empfohlen hatte, sondern weil sie ihren Job beherrschte.

Jedes Mal, wenn ich Menschen so weiterhelfen konnte, ging mir das Herz auf. Doch bei solchen Begegnungen ging es längst nicht nur um Arbeit.

Als ich mich einmal mit einer Freundin aus dem Wohngebiet zum Beten traf, klopfte es an der Terrassentür. Drei Mädchen kamen herein und meinten: »Können wir dich was fragen, Meck?«

»Was wollt ihr denn wissen?«, fragte ich zurück.

»Wir sind gerade draußen auf dem Trampolin gesprungen und haben darüber geredet, wie wir etwas Gutes tun könnten.«

»Und was habt ihr herausgefunden?«

Eine von ihnen meinte: »Also ich hab neulich einer alten Frau die schwere Tasche vom Einkaufen heimgetragen. Aber wir wollen mehr als das tun.«

Ich war sehr erstaunt, dass sie mit diesem Anliegen zu mir kamen. Für mich war es ein weiteres Indiz, dass die Zeit meiner »Unsichtbarkeit« zu Ende war. Gern wollte ich sie dabei unterstützen, Nächstenliebe zu leben.

Bei meiner zweiten Hüft-OP hatte ich das Zimmer im Krankenhaus mit Fritz Autenrieth geteilt. Er hatte mir die Stiftung Sozialwerk Pfarrer Sieber vorgestellt, bei der er im Stiftungsrat war. Ich musste grinsen, als ich an unser wunderbares Gespräch bis tief in die Nacht zurückdachte.

Nun schlug ich den Mädchen vor: »Wie wäre es, wenn wir etwas arbeiten oder verkaufen und das Geld Pfarrer Sieber spenden?«

»Wer ist denn das?«

»Er hat sich in Zürich für Obdachlose und Menschen am Rand der Gesellschaft eingesetzt. Vor einer Weile ist er gestorben, aber seine Arbeit läuft weiter.«

Die drei waren einverstanden. Das war genau in ihrem Sinne.

Ich wollte unsere Aktion aber auf keinen Fall allein organisieren, daher vereinbarte ich mit den Mädchen eine Teamsitzung, gemeinsam planten wir einen Kuchenverkauf, verteilten die verschiedenen Aufgaben und beteiligten das halbe Wohnviertel am Backen.

Ich buchte einen Stand in der Marktgasse in Winterthur, einer angesagten Einkaufsstraße. Als es so weit war, luden wir alle Kuchen und den Stand ins Auto, fuhren hin und bauten auf. Die drei Mädchen waren total gespannt. Ich auch. Um halb zehn waren wir fertig und konnten starten – da begann es, zu regnen.

»Meinst du, es lohnt sich überhaupt?«, fragte mich ein Mädchen zweifelnd, da lächelte das zweite bereits unseren ersten Kunden an. »Was kann ich Ihnen geben? Jedes Stück Kuchen kostet zwei Franken.« Das Wetter war nicht optimal, doch die Leute kamen und rissen uns den Kuchen fast aus der Hand. Daneben gaben wir noch Infos zur Obdachlosenarbeit weiter.

»Meck, stell dir vor, was mir eben passiert ist«, meinte eine unserer Verkäuferinnen. »Der Mann, der dahinten weggeht, hat ein Stück Kuchen gekauft, mir hundert Franken gegeben und gemeint: ›Stimmt so. Es ist ja für einen guten Zweck.‹«

Bis drei Uhr nachmittags war unsere Kuchentheke leer und die Kasse voll. 1200 Franken hatten wir eingenommen. Auf dem Heimweg im Auto ging es laut und lustig zu. Wir erzählten uns unsere Erfahrungen des Tages und waren allesamt begeistert über das tolle Ergebnis.

Die drei wollten etwas Gutes tun. Das hatten sie definitiv geschafft. Und ich war sicher, dass es einen bleibenden Eindruck bei ihnen hinterlassen würde.

Um das Ganze zu festigen und auch andere zu solchen Aktionen zu ermutigen, ließ ich einen großen Scheck mit der Aufschrift 1200 Franken drucken. Die Marketingchefin meiner Firma unterstützte mich dabei. Wir luden die Presse ein und übergaben ihn in der Zentrale des Sozialwerks. Die Mädchen waren sehr stolz, und alle in unserem Wohngebiet freuten sich darüber, schließlich hatten viele von ihnen aktiv mitgeholfen.

Ich selbst merkte, wie gern ich mich im sozialen Bereich engagierte. Es machte mir Freude, anderen beizubringen, wie man sich bewarb. Aber wo sollte ich mich bewerben? Noch hatte ich keine Arbeit gefunden.

Ermutigt von den vielen positiven Erlebnissen im sozialen Bereich suchte ich dort nach einer Arbeitsstelle, wo ich Berufung und Beruf verbinden könnte: als Leiter von Altenheimen, Fundraiser für ein Missionswerk, Gruppenleiter bei der Heilsarmee oder Projektleiter bei einem Sozialwerk. Ich wollte nicht länger im Einzelhandel dem Umsatz hinterherjagen.

Doch nichts passte. Mal war ich über-, mal unterqualifiziert. Mal war der Verdienst zu gering und mal stimmte die Chemie nicht. Ich war frustriert!

Irgendwann setzte sich bei mir die Erkenntnis durch: Ich werde mich auf jeden Fall für Menschen engagieren, aber es muss nicht unbedingt im Beruf geschehen. Tatsächlich kann man überall versuchen, ein guter Mensch zu sein. »Als Christ ist man immer ein Licht für andere«, hat einmal jemand gesagt. Ich denke, er hatte recht.

Vor längerer Zeit hatte mich ein Headhunter unter seine Klienten aufgenommen und sich sehr schnell bei mir gemeldet: »Ich habe da etwas, das für Sie interessant sein könnte. Die Expansions- und Ladenbauleitung in einer Restaurantkette. Guter Verdienst und gute Arbeitsbedingungen.«

Das hörte sich interessant an, also bewarb ich mich und nahm an zwei Tests teil.

»Sie hören von uns«, hieß es.

Ich wartete. Und wartete.

Erst nach vier Monaten meldete sich der Headhunter wieder: »Tut mir leid, aber die Stelle wurde intern besetzt. Vermutlich hat die Pandemie hier mitgespielt, sodass die Stelle nie offiziell ausgeschrieben wurde.«

»Haben Sie eine Alternative?«

»Ja, deshalb rufe ich an. Ein Immobilienunternehmen sucht einen Asset Manager Real Estate Direct. Das wäre doch etwas für Sie.«

»Können Sie mir kurz beschreiben, was zum Aufgabenportfolio gehört?«

»Sie managen eine größere Zahl von Liegenschaften, sodass diese für die Investoren Rendite abwerfen.«

Wir redeten noch eine Weile, und im Anschluss informierte ich mich über den Immobilienmarkt und natürlich über die Firma, bei der ich mich bewerben wollte. Gleichzeitig reichte der Headhunter meine Unterlagen beim Unternehmen ein.

Ich hatte zunächst auf dem Schirm, dass ich in einem ähnlichen Bereich wie früher arbeiten würde, doch Verkauf und Expansion spielten nur eine untergeordnete Rolle. Stattdessen ging es sehr stark um Buchhaltung und Bilanzen. Die Firma war ein Finanzunternehmen – das war mir zunächst nicht bewusst gewesen.

Beim Googeln sah ich eine sehr gute Firmenkultur. Doch war das die Realität oder nur Selbstdarstellung im Internet? Je intensiver ich mich mit der Firma beschäftigte, desto mehr realisierte ich: Die Firma hatte tatsächlich einen Wertekodex, den es nicht nur auf dem Papier gab. Das Ganze wurde immer interessanter.

Ich wurde erst zum Gespräch eingeladen und dann zu einer sehr komplexen Präsentation, auf die ich mich mit viel Aufwand vorbereiten musste. Schließlich hatte ich den Job. Ich fragte mich selbst, warum. Aus der Firma erhielt ich das Feedback, dass die anderen Bewerber auch geeignet gewesen seien, ich aber das meiste Engagement gezeigt hätte.

Mein Einstieg war hart. Ich brachte zwar einiges an Erfahrungen mit, aber vieles aus dem Finanzbereich musste ich mir erst erarbeiten. Doch die Aufgaben waren vielfältig und sehr interessant, und nach einer Weile lief es rund. Es gab viel zu tun und zugleich war Feierabend kein Fremdwort mehr. Trotz aller Arbeit kam ich hier zur Ruhe.

Tatsächlich hatte ich nun neben meiner Arbeit Zeit, anderen zu helfen. Für mich war klar, dass Gott das ermöglicht und dass ich diesen Job letztlich von ihm bekommen hatte. Also schaute ich mich nach Gelegenheiten um, mich für andere Menschen zu engagieren.

Eine gläubige Frau aus unserer Siedlung arbeitete ein- bis zweimal im Monat in einem Gassencafé mit und schwärmte immer wieder von den tollen Begegnungen dabei. »Das könnte ich mir auch vorstellen«, dachte ich und recherchierte dazu im Internet. Dabei stieß ich auf einen alten Bekannten: das Sozialwerk Pfarrer Sieber.

Die Stiftung betrieb auch dieses Gassencafé, wo jeder Gemeinschaft, Gastfreundschaft und Gespräche erfahren konnte, und sie boten mit dem Pfuusbus in Zürich eine Notschlafstelle an. Früher war dieser »Schlafbus« tatsächlich ein ausrangierter Bus voller Matratzen gewesen, inzwischen war es ein großer Container mit Vorzelt und dreißig Schlafplätzen. In der kalten Jahreszeit schickten sie zusätzlich Helfer auf Kältepatrouille, um nach den Obdachlosen auf der Straße zu schauen und ihnen zu helfen, wenn sie etwas brauchten.

Schon beim ersten Lesen war mir klar: Das wollte ich!

Ich rief an und meldete mich für die Mitarbeit. Das Lächeln von Christine, der Chefin des Gassencafés und der Kältepatrouille, sah ich beinahe durchs Telefon. »Zuerst einmal musst du eine Schulung besuchen. Dann gehst du deine erste Runde mit einem aus dem Leiterteam. Und danach kannst du mitarbeiten.«

Bei der nächsten Schulung war ich dabei. Christine leitete das Training. Sie informierte uns über die besonderen Arten, Obdachlosen Liebe zu zeigen und ihnen zu helfen. Meine erste Tour lief ich mit ihr. Zuerst beluden wir einen Pkw mit Kisten voll Material, von der Taschenlampe über Schlafsäcke bis hin zu Thermobehältern voll heißem Wasser, mit dem man Kaffee, Tee oder auch eine Suppe aufgießen konnte.

Am ersten Zielpunkt angekommen gingen wir an den Kofferraum und luden uns zwei riesige Rucksäcke auf den Rücken – jeder bestimmt über zwanzig Kilogramm schwer. »Da ist fast alles drin, was wir brauchen«, meinte Christine, »und da die Obdachlosen nicht an der Hauptstraße übernachten, gehen wir jetzt zu Fuß weiter.«

Zwischen 22 Uhr und 3 Uhr liefen wir um die zehn Kilometer mit unserem schweren Gepäck. Ich staunte über die Frau an meiner Seite. Christine wusste viel über die Arbeit mit obdachlosen und armen Menschen: wo ihre bevorzugten Schlafplätze waren; dass die meisten eine Geschichte mit Alkohol, Drogen oder psychischen Problemen hatten; dass sich hauptsächlich die ausländischen Obdachlosen zu einer Suppe und einem Notschlafplatz einladen ließen.

Und sie lebte für diese Arbeit. Wenn Christine einen ihrer alten oder neuen Bekannten traf, ging die Sonne in ihrem Gesicht auf. Sie strahlte vor Liebe zu diesen Menschen, die von vielen gar nicht wahrgenommen werden. »Das braucht doch jeder Mensch«, meinte Christine, reichte einer Frau noch eine kleine Tafel Schokolade und verabschiedete sich freundlich von ihr.

Zwei Wochen später war ich mit Reto auf Kältepatrouille. Ich war etwas nervös, weil mir die Erfahrung und der Rückhalt von

Christine fehlten, aber wir kamen gut zurecht und hatten für den Fall der Fälle auch Ansprechpartner. Mit der Route auf unseren Handys und den schweren Rucksäcken auf dem Rücken stiefelten wir durch eine frostige Züricher Nacht.

Wir verstanden uns prima, deshalb beschlossen wir, auch in Zukunft ein Team zu bilden. Reto war Richter und wie ich voll berufstätig. Nun trafen wir uns alle zwei Wochen in der Nacht von Freitag auf Samstag oder von Samstag auf Sonntag, denn anschließend konnten wir ausschlafen.

»Es gab mal Zeiten, da hätten wir anschließend einen Kaffee getrunken und wären direkt zur Arbeit gegangen«, meinte ich zu ihm.

Er lachte und antwortete: »Ja, aber das war vor fünfundzwanzig Jahren.«

Wenn wir im Dunkeln mit unserem schweren Gepäck durch die Stadt marschierten, wussten wir nie, was uns hinter der nächsten Ecke erwarten würde. Aber für mich war es ein tröstlicher Gedanke, dass Jesus mit uns unterwegs war – zu den Menschen am Rande, die ihm schon immer besonders am Herzen gelegen haben.

Bald kannten auch wir die Stammplätze unserer Leute, die windgeschützte Parkbank, die Nische unter der Brücke, das Toilettenhäuschen.

Toiletten waren bei Obdachlosen sehr beliebt. Ein älterer Mann schlief am liebsten in einem Häuschen an der Endhaltestelle einer Straßenbahnlinie. Er deckte den Boden aus Metallgitter stellenweise mit Toilettenpapier oder Pappdeckeln ab und lief in seinem »Heim« sogar barfuß. Und was das Wichtigste war: Er konnte abschließen. Hier würde ihm nichts passieren. Anfangs schauten wir regelmäßig nach ihm, doch irgendwann entschieden wir, ihn nachts nicht mehr zu stören. Er kam zurecht.

Wenn wir Schlafende fanden, prüften wir kurz, ob sie warm genug ausgestattet waren, und schauten, ob der Schlafsack sich gleichmäßig hob und senkte. Nachts bei der Kältepatrouille ging es nicht um Gespräche oder psychologische Hilfe. Wir schauten, dass niemand erfror.

Mit Glaubensfragen ließen wir die Obdachlosen in Ruhe. So christlich geprägt das Sozialwerk Pfarrer Sieber auch ist: Es ist für alle da. Glaube ist keine Bedingung. Das hinderte mich aber nicht daran, ab und zu stehen zu bleiben, kurz zu Reto zu schauen und zu sagen: »Moment mal. Ich muss gerade für den Mann da beten.«

In einer Null-Grad-Nacht fanden wir einen »Neuen«, den wir noch nie gesehen hatten. Er trug nur einen alten Anzug und Halbschuhe und schlief auf einer Holzbank direkt neben einem großen Bankgebäude.

»Der kennt sich hier jedenfalls nicht aus«, meinte ich. »Direkt da vorne ist die geheizte Halle mit den Bankautomaten. Dort hätte er es warm.«

»Sollen wir ihn wecken?«, fragte Reto.

»Nein, wir wollen ihn ja nicht erschrecken.«

»Aber so können wir ihn nicht liegen lassen.«

»Du hast recht. Wir geben ihm einen Schlafsack.«

Reto zog einen aus seinem Rucksack, zippte ihn auf und wir legten ihn als Decke über den Mann. Dabei unterhielten wir uns in normaler Lautstärke. Vielleicht wachte er ja auf.

Gerade meinte ich: »Wir kommen hier auf dem Rückweg wieder vorbei. Dann sehen wir noch einmal nach ihm«, da öffnete er die Augen.

Er war ziemlich durcheinander, aber dankbar, als wir ihm einen Platz in einer Notschlafunterkunft anboten. Wir nahmen ihn mitsamt seinen Siebensachen mit und fuhren ihn hin. So unterkühlt, wie er war, hätte er die Nacht vielleicht nicht überlebt. Den Schlafsack durfte er behalten.

Länger fragten wir uns, warum er nicht in den warmen Vorraum der Bank ausgewichen war. Auf einer unserer nächsten Touren beantwortete die Polizei unsere Frage. Auf dem Hinweg hatten wir gesehen, dass ein Obdachloser in einem ähnlichen Raum neben dem Geldautomaten schlief. Auf dem Rückweg standen zwei Polizisten neben ihm. Wir gingen hinein und fragten: »Können wir helfen?«

»Nein, ist schon in Ordnung«, sagte der Obdachlose, »ich brauche nichts«, nahm seine Siebensachen und ging.

»Nein, danke«, meinten die Polizisten. »Wir werden nur gerufen, wenn so ein Kamerad auf der Videoüberwachung auftaucht. Er stört die Bankkunden. Übernachten ist hier verboten. Also setzen wir ihn vor die Tür.«

Einerseits verstand ich dieses Anliegen. Wie unsicher würde sich eine Frau mitten in der Nacht fühlen, wenn sie hier zum Geldautomaten wollte? Andererseits hatte ich inzwischen so viele Menschen auf der Straße gesehen, die jede Nacht ums Überleben kämpften, dass ich dachte: »So schlimm ist es doch auch nicht, den Anblick eines schlafenden Menschen beim Geldabheben zu ertragen.« Und die Obdachlosen, die ich bisher kennengelernt hatte, rochen zwar manchmal seltsam, aber sie waren nicht gewalttätig.

Es gab auch Menschen, für die wir streng genommen nicht zuständig waren. Wir halfen trotzdem. Manchmal verpasste eine Familie am Busbahnhof den Anschlussbus und musste die Nacht irgendwie überstehen. Nicht jeder konnte die Kreditkarte zücken und im nächsten Hotel einchecken. Hier brachten wir öfter warme Suppen vorbei, eine Decke oder auch etwas Süßes für die Kinder.

Und manchmal war es »nur« ein Betrunkener, der den Weg nach Hause nicht mehr geschafft hatte. Auf dem Helvetiaplatz sah die Begleiterin, mit der ich unterwegs war, einmal etwas, das wie ein Müllsack aussah – aber die Form war seltsam.

»Lass uns mal schauen«, meinte sie.

Als wir näher kamen, entpuppte sich der vermeintliche Müllsack als Mann, der völlig zusammengekrümmt in seinem eigenen Erbrochenen dalag. Neben ihm am Boden waren seine Geldbörse und ein Schlüssel. Das war sicher kein Obdachloser. Hilfe brauchte er trotzdem.

Ich wusste, dass das unsere Möglichkeiten überstieg. So rief ich die SIP an, eine Art soziale Sondertruppe der Polizei. Sie waren hier die Richtigen.

Während wir bei dem Mann warteten, kam er zu sich. Wir gaben ihm ein paar Tücher, damit er sich abwischen konnte, und redeten mit ihm. Er konnte – oder wollte – nur italienisch sprechen und tönte die ganze Zeit von »amore«. Als er munterer wurde, tanzte er auf der Straße. Er wurde immer fröhlicher und begann irgendwann, mit meiner Begleiterin zu flirten. Sein Zustand war nach wie vor erbärmlich, trotzdem mussten wir immer wieder zusammen lachen.

Schließlich kam die Polizei, und wir konnten ihn in gute Hände abgeben. Es ist wunderbar, wenn man zu mehreren an einem Strick zieht und sich unterstützt.

Wenn ich von diesen Erlebnissen erzähle, sagen viele: »Das könnte ich nicht.« Es muss nicht jeder bei der Kältepatrouille unterwegs sein, aber ich bin unendlich dankbar für diesen Dienst. Er ist absolut sinnvoll, ich kann Menschen helfen, und es erfüllt mich, wenn ich denen mit der Liebe Gottes begegnen kann, die am Rande der Gesellschaft leben. Ich freue mich jetzt schon darauf, mir im nächsten Winter wieder den schweren Rucksack aufzuladen und auf Patrouille zu gehen.

Ist das meine Berufung?

Ja.

Ist der Beruf meine Berufung?

Ja, genauso.

Tatsächlich erlebe ich, dass Gott andere Menschen und mich da gebraucht, wo wir gerade sind. Scheinbar geht es ihm eher darum, dass wir ihm zur Verfügung stehen, als wo wir ihm zur Verfügung stehen. Ein Mensch sein, den Gott gebraucht, kann man überall.

Das gilt auch für meine Erlebnisse mit dem Gebet. Sie sind viel mehr als Geschichten. Ich erfahre dabei, dass ich selbst in Gottes Gegenwart bin und auch andere zu ihm bringen kann. Und alle Beteiligten werden von Gott berührt und verändert. So wie vor Kurzem in Dübendorf im Gottesdienst.

Evelyn und ich wurden in eine Gemeinde in der Nachbarschaft zum Gottesdienst eingeladen. Die Gemeinde war viel kleiner als unsere, aber Gott war genauso groß.

Wir saßen mit coronagemäßen Abständen im Gottesdienstsaal und nickten und lächelten den Leuten um uns herum zu. Sie lächelten zurück. Ein paar Stühle weiter saß ein Mann, der sich auffällig verhielt. Er wippte mit dem Fuß. Nicht nur ein wenig, sondern so, als wollte er darin den Weltrekord gewinnen. Er betete extrem laut und er sang auch so. Danach summte er durchdringend.

Die ältere Frau vor ihm hatte schon einmal missbilligend nach hinten geschaut, aber als es sie zu sehr störte, ging sie einfach und setzte sich woanders hin. Dasselbe tat auch ein Paar, das hinter ihm saß.

Das musste er mitbekommen haben. Und bestimmt verletzte es ihn.

Ich überlegte gerade, ihm demonstrativ näher zu rücken, als Evelyn mich anstieß und murmelte: »Meck, ich habe den Auftrag, für ihn zu beten.« Okay, so hätte ich es ausgedrückt, aber sie sagte es ganz ähnlich: »Ich habe das Gefühl, dass wir für ihn beten sollten.«

Das taten wir in den nächsten Minuten, und er beruhigte sich zusehends. Schließlich saß er völlig entspannt neben uns im Gottesdienst.

Ich freute mich, dass Evelyn und ich den gleichen Gedanken gehabt und gemeinsam gebetet hatten. Das war ein harmonisches Miteinander. Lag seine Veränderung an unserem Gebet? Ich weiß es nicht. Es war mir auch egal. Gott hatte spürbar eingegriffen – wie schon so oft. Warum er das getan hatte, spielte keine Rolle.

Ich habe allerdings den Eindruck, dass mich das nicht aus der Verantwortung entlässt, zu beten. Das gilt sogar, wenn derjenige, für den ich bete, nichts davon mitbekommt – wie der auffällige Mann in der Kirche.

Im Rückblick entdecke ich an vielen Punkten in meinem Leben, dass Gott eingegriffen hat. Oft habe ich damals nichts davon wahrgenommen, auch nicht davon, dass andere für mich gebetet haben, aber immer, wenn es nötig war, sind mir Menschen zur Seite gestanden oder Gott selbst hat gehandelt. Mein ganzes Leben hindurch.

MELISSA LISCHER, eine Ex-Mitarbeiterin aus dem Schuhgeschäft, schreibt in einer Mail:

Dein Bericht bei Open Arms hat mich sehr berührt. Ich habe früher auch in diversen Filialen im Schuhgeschäft gearbeitet. Damals habe ich immer für mich gedacht: Sein Verhalten ist komisch, da muss mehr dahinter sein. Eine Freundin sagte mir dann, dass du im Heim aufgewachsen bist, ich kannte aber keine Details. Nun, ich bin auch in Luzern zehn Jahre in einem Heim aufgewachsen und war als junges Mädchen an den Wochenenden auf einem Bauernhof, wo wir hart schuften mussten, bis wir es gemeldet haben und uns zum Glück sofort geglaubt wurde. Das war in den Neunzigern – ist das nicht crazy?

Auf jeden Fall durfte ich mit zweiundzwanzig unseren Herrn Jesus in meinem Leben annehmen und bin so froh dafür, weil damit ein Heilungsprozess beginnen konnte.

Als ich damals von deiner Scheidung erfuhr, kannte ich Jesus schon und habe intensiv für dich und deine Familie gebetet. Ich habe gebetet, dass du den Herrn finden und Wiederherstellung erleben kannst.

Dass ich nach so vielen Jahren von dir und deiner Geschichte erfahre und wie du und deine Familie Jesus angenommen habt und euren Weg geht, hat mich zu Tränen gerührt. Der Herr hat meine Gebete erhört und ich bin einfach nur sprachlos und dankbar dafür!

Mittlerweile bin ich Mutter von zwei kleinen Kindern, zum zweiten Mal glücklich verheiratet mit einem gläubigen Mann und als Sängerin und Songwriterin unterwegs. Deine Geschichte ermutigt mich, daran festzuhalten, dass nichts umsonst ist und wir mit unserem Leben etwas bewirken können für den Herrn und unsere Mitmenschen.

Mir war bis jetzt nicht bewusst, dass wir wie Verdingkinder behandelt wurden, bis ich dein Video gesehen habe. Vielen Dank für deinen Mut und dein Herz, deine Geschichte zu erzählen.

231

Neben Menschen waren mir an entscheidender Stelle Bücher eine große Hilfe und zeigten mir Auswege aus scheinbar ausweglosen Situationen. Besonders die Bibel, das Buch Gottes, unterstreicht für mich das Naturgesetz: Nach dem Regen scheint immer die Sonne!

Wenn in meinem Leben gerade die Sonne scheint, mag das banal klingen. Wenn ich gerade »nass« werde, dann tröstet es mich.

Von der Schöpfung an hat Gott dieses Prinzip unterstrichen. Für mich bedeutet das, dass es immer, auch nach den schwierigsten Situationen oder Erlebnissen, wieder besser wird und Gott die Sonne seiner Liebe in jedem Herzen aufgehen lässt. Ich habe es so erfahren.

Es hat mich verändert, dass ich Gottes Liebe für mich realisiert habe – und jetzt selbst lieben kann.

Als Jesus einmal nach dem größten und wichtigsten Gebot gefragt wurde, antwortete er: »Du sollst den Herrn, deinen Gott, lieben von ganzem Herzen, von ganzer Seele, von ganzem Gemüt und mit all deiner Kraft. Das andre ist dies: Du sollst deinen Nächsten lieben wie dich selbst. Es ist kein anderes Gebot größer als diese« (Markus 12,30-31).

Liebe Gott und den Nächsten. Darum ging es Jesus, darum geht es mir.

Ich heiße Markus Walther, aber jeder nennt mich Meck. Und das ist meine Geschichte.

Ich erzähle sie, weil ich erlebt habe, wie Gott in mein Leben eingegriffen hat.

Ich erzähle sie, weil sie wahr ist.

Und ich erzähle sie, weil Gott mir gesagt hat: »Schreib es auf.«

DANKSAGUNG

Ein unglaublich großer Dank gilt meiner Frau Evelyn, die immer an mich geglaubt und für mich gebetet hat. Danke, dass du für mich immer ein Leuchtturm bist und mir den Weg zeigst und erhellst. Bei deiner Taufe hast du die Zusage bekommen: »Dort, wo du bist, ist Gottes Liebe.« Ich kenne keinen Menschen, der das so stark verkörpert und anderen Menschen so sehr Gottes Liebe vorlebt wie du. Ich fühle mich geehrt, dass ich dein Mann sein darf.

Danke auch an meine Kinder Jana, Angelina, Amanda und Alexander, die jedes Kapitel gelesen oder angehört haben und mir mit ihrer Freude und ihrem Stolz immer wieder neue Energie für dieses Buch gegeben haben.

Danke an Johannes. Du hast mir wie so oft mit deiner ruhigen Art mit Rat und Tat zur Seite gestanden – und das trotz deiner Krebs-Erkrankung.

Ein großer Dank, lieber Hauke, gehört auch dir. Ohne dich wäre dieses Buch nicht so großartig umgesetzt worden.

Danke an den SCM Verlag, dass ich mit euch zusammen dieses Buch herausgeben darf, und danke, Anna, für deine wertvolle Begleitung bei diesem Buchprojekt.

Danke, Gott, dass ich in deinem Auftrag dieses Buch schreiben durfte.

ANMERKUNGEN

1 David Togni: Love your Neighbour, Brunnen, 2016.
2 Ali Dini: Der Unsterbliche, SCM Hänssler 2018.

Pappy Orion Rwizibuka

Flieh, mein Sohn
Wie ich dem Krieg im Kongo entkam
und Gott mich fand

Als der Bürgerkrieg im Kongo ausbricht, beherrschen
Chaos und Verwüstung das Land, und Rebellengrup-
pen rekrutieren Kindersoldaten für ihre Kämpfe. Pap-
pys Eltern sehen keine Wahl: Sie beschließen, ihn weg-
zuschicken. Heimlich, früh morgens. Auf eine Reise ins
Ungewisse. Allein. Mit riesengroßer Angst im Gepäck
und Gefahr als ständigem Begleiter. Nach Jahren auf
der Flucht wird er eingeholt: von der unendlichen Liebe
Gottes, die sein Leben radikal verändert. Als er die Straße seine Heimat nennt, findet er sein Zuhause bei Gott
und seine Berufung.

Gebunden, 13,5 × 21,5 cm, ca. 264 S.,
mit 8-seitigem Bildteil
Nr. 396.095, ISBN 978-3-7751-6095-7
Auch als E-Book

SCM
Hänssler

David Lubega, Carmen Bohnacker

Mambo No.1
Mein Leben nach dem Erfolgsrausch.
Ein Weltstar begegnet Jesus

Mit seinem Hit »Mambo No. 5« wird David Lubega als
Lou Bega über Nacht zur Popikone. Doch innerlich bleibt
er leer. Seine Suche nach echter Erfüllung droht sein
Leben zu zerstören, als er schließlich in einem Hotel-
zimmer eine Bibel findet. Und den Gott des Friedens
kennenlernt.

Gebunden, 13,5 × 21,5 cm, 272 S.,
mit Schutzumschlag
und 16-seitigem Bildteil
Nr. 396.167, ISBN 978-3-7751-6167-1
Auch als E-Book

SCM
Hänssler